De Medusa In De Wateren Van Japan In 1863 En 1864...

F. de Casembroot

DE MEDUSA IN DE WATEREN VAN JAPAN.

DE MEDUSA

IN DE

Wateren van Japan,

in 1863 en 1864.

DOOR

Jhr. F. DE CASEMBROOT,

ADJUDANT DES KONINGS IN BUITENGEWONE DIENST,
KAPITEIN-LUITENANT TER ZEE.

'S GRAVENHAGE,
DE GEBROEDERS VAN CLEEF.
1865.

Oh, who can tell, save he whose heart hath tried,
And danced in triumph o'er the waters wide,
The exulting sense — the pulse's maddening play,
That thrills the wanderer of that trackless way?
That for itself can woo the approaching fight,
And turn what some deem danger to delight;
. . . .
. . . . can only feel —
Feel — to the rising bosom's inmost core,
Its hope awaken and its spirit soar?
                                        BYRON.

The Corsair,
   Canto I.

INLEIDING.

De gewoonte van sommige schrijvers om hunne werken zonder inleiding in het licht te geven, heb ik dikwijls toegejuicht, omdat, bedrieg ik mij niet, aan zoodanige inleiding zelden de eer te beurt valt van gelezen te worden. Volgens mijn oorspronkelijk plan zoude ook dit verhaal zonder voorwoord zijn verschenen. Ik ben daarvan alleen teruggehouden bij de overweging, dat het wenschelijk is als nog een en ander op te merken omtrent de indrukken waaronder dit verslag geschreven is en eenige nadere ophelderingen mede te deelen ten aanzien der regering van Japan, ook in verband tot de traktaten met de Westersche Mogendheden. Ik wensch deze bladen dan ook veeleer als een naschrift dan wel als eene inleiding beschouwd te hebben. Zoo als in den aard der zaak ligt, is dit voorwoord vooral ge-

rigt tot de leden der Koninklijke Marine , tot mijne
geachte kameraden. Allen onder u, die voor het publiek geschreven hebben , zullen bij ondervinding
weten, dat ieder die zulks doet zijne gedachten
behoorlijk *vierkant getopt* en *gebrast* moet hebben ,
en , wil hij zijn doel bereiken , ze in dien toestand
moet houden.

Dat ik dit mijn schrijven niet onafgebroken
en geregeld heb kunnen voortzetten en afwer-
ken , is toe te schrijven aan omstandigheden van
verschillenden aard , waarin ik sedert mijne terugkomst in het vaderland heb verkeerd; omstandigheden , die dit werk in gevaar bragten van orde
en netheid te verliezen , zoo als bij ons zeelieden
het tuig van een oorlogsschip soms door een
bamboes (onhandige matroos) , die een *bras* of een
toppenend los gooit, ongemerkt een slordig aanzien kan krijgen.

Hiermede wil ik te kennen geven , dat al het
gebrekkige , hetwelk in dit verhaal gevonden wordt,
minder aan den schrijver dan aan de verschillende indrukken , onder welke hij geschreven heeft,
te wijten is. Al mijne kameraden in de Residentie woonachtig , die mij zoo gul en hartelijk ontvangen hebben , kennen al deze omstandigheden van
nabij en zullen daarin voorzeker voldoenden grond
vinden om dit gebrekkige te verschoonen.

Onder mijne landgenooten zullen er gewis velen gevonden worden, die veel kennis van Japan bezitten, doch velen zijn er ook, die nog over een belangrijk punt, namelijk over de vraag: wie in Japan de baas is, de Taykoen of de Mikado? in het onzekere verkeeren. Voor hen diene het volgende:

De tegenwoordige Taykoen alsmede al zijne voorgangers, die gedurende 250 jaren in Japan geregeerd hebben, stammen allen af van zekeren Hiéas, die bij het volk onder den naam van Gongen Sama bekend is. Toen deze den troon van Yeddo overweldigde werd hij daardoor geen Heer over geheel Japan; want behalve den Mikado, den wettigen Keizer, die te Miako in een prachtig paleis zijn verblijf houdt, en wiens werkelijk gezag en invloed een geduchte slag was toegebragt, doch wiens goddelijk regt nederig, zelfs door Hiéas erkend werd, bleven er nog onder de wapens 18 magtige vorsten, " Daïmios ", die door den veroveraar niet ten ondergebragt werden. Deze 18 onafhankelijk blijvende vorsten traden evenwel toe tot eene minnelijke schikking met Hiéas, welke schikking of conventie beschouwd moet worden als de grondslag der tegenwoordige constitutie van Japan. Dezelve wordt de wet van Gongen Sama genoemd.

Naar aanleiding van deze wet, die bij Europeanen nog weinig bekend is, en waarvan de inhoud voor hen een volslagen geheim is, werd de Taykoen Heer van Yeddo en van verschillende rijke en zeer belangrijke steden in Japan; tevens werd hij verheven tot Hoofd der uitvoerende magt in dit rijk, bij ons meer bekend onder den naam van Generalissimus. Deze voordeelige positie maakte hem, den Taykoen, tot den magtigsten onderdaan van den Mikado.

De wet van Gongen Sama deed geen afbreuk aan de hooge vereering en majesteit van den Mikado, doch vernietigde ook de onafhankelijkheid der Daïmios niet, die zij, dank zij het zwakke bestuur van den Mikado, van geslacht tot geslacht hadden gehandhaafd. De regten en de magt der groote ligchamen van het Staatsgebouw, te weten: die van den Mikado, van den Taykoen en van de 18 magtige Daïmios, werden door genoemde wet afgebakend en bevestigd, en alzoo ontstond er bij die Staatsligchamen een zeker onderling verband, waardoor Japan geregeld wordt. Men kan dus de organisatie van het algemeen bewind aldus beschrijven:

1⁰. De Mikado of Keizer, woonachtig te Miako, nagenoeg midden in Japan, heeft geene uitvoerende magt, doch een voorrang en eene suprematie, die onder zekere omstandigheden (bij voorbeeld wanneer zijne toestemming tot iets vereischt of gevraagd wordt) eene wezenlijke waarde verkrijgt en van het grootste gewigt wordt.

2⁰. De Taykoen, belast met de uitvoerende magt, wordt even als de Mikado, Zijne Majesteit genoemd, heeft zijn paleis te Yeddo, en voorziet van zijne rijke welbebouwde landen het Hof van den Mikado van al het noodige.

3⁰. De Groote of Hooge Raad, bestaande uit 18 oudste Daïmios, vertegenwoordigt den Mikado te Yeddo, alwaar de Daïmios een gedeelte van het jaar moeten verblijven. Door deze vertegenwoordiging wordt des Taykoen's magt binnen bepaalde grenzen gehouden.

In alle belangrijke aangelegenheden moet deze Raad gehoord worden, met dien verstande evenwel, dat er aan hetgeen beslist is geworden, geene uitvoering mag worden gegeven, zonder bepaalde toestemming van den Mikado.

Deze organisatie betreft echter alleen de zaken of belangen, die het geheele Japansche Rijk aangaan; want de Taykoen, zoowel als de Groote Daïmios, zijn en blijven geheel meester in hunne eigene provinciën en steden, alwaar zij eene bijna onbeperkte magt uitoefenen.

Uit een en ander volgt dus: dat de Taykoen geene

aanspraak kan maken op het algeheel bestuur der
zaken van het Japansche Rijk, en dat alleen de
Mikado het regt heeft eenige verbindtenis met
andere volken, ten behoeve van Japan, te sluiten.

Het is nu genoeg bekend, dat tijdens het
verschijnen der respectieve oorlogsschepen in
de wateren van Japan, van de verschillende
natiën, die een handels-traktaat met Japan, of
liever met den Taykoen, hadden gesloten, aan
die traktaten de goedkeuring van den Mikado
ontbrak, zoodat dezelve door het volk, zoowel als
door de meeste Daïmios, voor onwettig werden gehouden. Hierin lag de oorzaak van
de vele verwikkelingen met dat schoone Rijk,
van de onmogelijkheid voor den Taykoen om de
Europeanen en hunne diplomaten te beschermen;
want de Taykoen was zelf niet geheel in staat
zich tegen de ontevreden massa, hoogen en ge-
ringen, te verdedigen, die hem in de grootste
verlegenheid bragten en ons uit hun land wilden
verdrijven; om kort te gaan, dit was de reden,
waarom er geene goede verstandhouding tusschen
de vreemdelingen en de Japanners kon bestaan,
en de handelsbetrekkingen telkens gevaar liepen
van op te houden.

Hebben dan de Gevolmagtigden der verschillende Mogendheden die verhouding van den Tay-

koen tot den Mikado niet geweten? is welligt de vraag, die men naar aanleiding van het bovenstaande zal doen, maar welke ik mij niet zal vermeten te beantwoorden, in aanmerking nemende, dat het mij als eenvoudig hoofd-officier niet passen zou, en wat meer is, dat het van mijn nederig standpunt al zeer onbescheiden zou zijn, in te dringen in dat weten of niet weten van zulke hoogst verdienstelijke en kundige mannen, die hunne Souvereinen en landen bij het sluiten van het tractaat hebben vertegenwoordigd.

Ware de handel met de Europeanen te Nagasaki en Hakodadi, beide steden den Taykoen toebehoorende, alleen gevestigd gebleven, dan voorzeker zouden er niet zoo spoedig verwikkelingen ontstaan zijn; want de uitbreiding van dien handel was een gevolg der grootere behoefte die in Japan van lieverlede ontstaan is, om met den vreemdeling te handelen. Japan kon onmogelijk hare havens langer gesloten houden voor het verkeer met de beschaafde Mogendheden der wereld. Volken kunnen evenmin als personen door eene algeheele afzondering en afsluiting van verkeer, aan hunne bestemming voldoen, en zoo ook zal Japan, wat de binnenlandsche omwentelingen in dat heerlijke land ook mogen te weeg gebragt hebben, zich eerlang gelukkig achten, het stof te hebben

afgeschud, waaronder de intellectuële ontwikke-
ling van zijn schrander volk als bedolven lag.

Ten slotte moet ik nog mededeelen, dat dit
verhaal zoo laat voor de pers gereed is gekomen
door bezoeken, die ik bij familie en vrienden
moest afleggen en door de hooge eer, welke mij
is te beurt gevallen, toen het Z. M. den Koning
behaagde mij het bevel over Z. M. stoomschip
Cycloop tijdelijk op te dragen in Julij en Augustus dezes jaars, welke bodem Hare Majesteit,
de Koningin der Nederlanden, naar Engeland
overvoerde en gedurende eene maand te Wool-
wich tot Hoogstderzelver beschikking is gebleven.

'sHage, 20 *September* 1865.

DE Casembroot.

ETAT-MAJOR.

Kommandant. Kapitein-Luitenant, Adjudant des Konings
in gewone dienst. . . . Jhr. F. de Casembroot.
Eerste officier. Luit. ter zee
1ste klasse. . . . . . . J. J. de Hart.
Luitenant ter zee 2de klasse. D. G. E. Wolterbeek Muller.
  „   „   „   „   „   A. J. Thurkow.
  „   „   „   „   „   P. Wittop Koning.
Adelborst 1ste klasse. . . J. T. F. Bruijn.
  „   „   „   . . . J. van Herwaarden.
  „   „   „   . . . E. J. Hoos.
  „   „   „   . . . J. C. A. Wissel.
  „   „   „   . . . W. C. A. Ziegenhirt von Ro-
                          senthal.
  „   „   „   . . . H. de Jongh.
Officier van gezondh. 2de kl. C. F. T. Hommel.
  „   „   „   3de „ H. J. Nieuwkerk. (1)
Officier van administr. 2de kl. J. A. Waldeck.
Scheepsklerk. . . . . . L. C. Duhné.
Machinist 1ste klasse. . . G. Philipse.
  „   2de   „   . . . J. Hollmann.

DEK- EN ONDER-OFFICIEREN.

Schipper . .   . . . . J. de Vogel.
Bootsman . . . . H. Hendriks.
Schieman . .   . . . . J. Conneman.
Konstabelmajoor. . . . . W. de Haas.
Eerste timmerman . . . . L. Twigt.
  „   zeilmaker . . . . B. Nierop.
  „   ziekenoppasser . . . P. Guijken.
Schoolmeester . . . . . W. van der Laan.
Sergeant-schrijver . . . . J. H. Bonting.
Bottelier . . . . J. Kapteijn.
Sergeant der Mariniers. . . F. H. Zoomers.

---

(1) Deze Officier van Gezondheid is in Mei 1863 met Z. M.
schroefstoomschip *Vice-Admiraal Koopman* naar Java teruggekeerd.

VERBETERINGEN.

Op bladz. 18, regel 4 v. b. *staat:* officiële, *lees:* inofficiële.
„ „ 43 „ 3 v. o. „ westkust „ westkant.

De welwillende belangstelling, door zoo velen mijner landgenooten betoond in een wapenfeit, dat ook bij vreemde zeemogendheden niet onopgemerkt is gebleven, heeft mij doen besluiten eene korte beschrijving publiek te maken van het verblijf der *Medusa* in de wateren van Japan, waarin dit wapenfeit naar mijn beste weten in al zijne bijzonderheden voorkomt; ik bedoel namelijk het gevecht van Z. M. stoomkorvet *Medusa* tegen de landbatterijen en schepen in Japan, toen deze bodem voor de eer van Nederland genoodzaakt was, de naauwe straat van Simonoseki of den westelijken ingang der Japansche binnenzee te forceren op 11 Julij 1863.

Verwacht niet, waarde lezer, dat ik u over Japansche zeden en gebruiken zal onderhouden; ik ben niet genoeg bekend met de algemeene regels van de volkenkunde, om, als een naauwkeurig opmerker van een volk, gevolgtrekkingen

1

te kunnen maken , welke tot meerdere bekend-
heid met de bijzondere geaardheid van dit volk
kunnen strekken ; er zijn reeds zooveel boeken
geschreven , en helaas zoo weinige , die daartoe
iets bijdragen , dat ik het niet wagen zal dien
voorraad van geschriften te vermeerderen , waardoor verkeerde voorstellingen zijn ontstaan , welke
een ieder , die later in persoon met dat waarlijk wonderlijke volk van Japan in aanraking
komt , verwonderd is zich gemaakt te hebben.

Naar mijn bescheiden oordeel zijn er slechts
weinig schrijvers , die den vreemdeling eenigermate met juistheid Japan en zijne bewoners af-
schilderen , hieronder behooren , onder anderen ,
de kundige en zoo verdienstelijke Engelsche Minister , Sir Rutherford Alcock , de Heer M. Ed.
Fraissinet , en zekere Pruissische Heer Dr. Lindau ,
thans Consul van Zwitserland te Yokohama.

Zelden eenig geschrijf aan het publiek hebbende gewijd , roep ik de toegevendheid der geachte lezers in , die zich wel zullen gelieven te
herinneren , dat ik alleen schrijf uit erkentelijk-
heid voor de hartelijke belangstelling , welke ook
nu weder is gebleken bij landgenooten te bestaan in zaken de Marine betreffende.

De Nederlanders mogen onderling nog zooveel
in verschillende aangelegenheden van zienswijze
verschillen , zoodra het hunne Marine geldt , gevoelen zij toch allen in meerdere of mindere
mate den prikkel van gepaste fierheid , die hun

bloed sneller doet loopen; want de oude zielen-
adel hunner vrome zeehelden van den ouden
tijd is bij het nageslacht gelukkig nog niet ver-
dwenen. Daarom houden zij nog steeds het oog
met warme belangstelling op die kleine Marine
gevestigd, die het bestaan van Nederland in alle
oorden der wereld blijft verkondigen, en die
eenmaal geroepen kan worden nog belangrijke
diensten aan het moederland en hare koloniën
te bewijzen.

De *Medusa* is een schroefkorvet met hulp-
stoomvermogen, gebouwd te Amsterdam en in
1854 te water geloopen, hebbende slechts 150
paardenkrachten. Zonder gebruik van zeilen, met
volle kracht stoomende in slecht water, zonder
wind, legt het schip zes mijlen in de vier uren af,
dus eene snelheid die overeenkomt met 11 kilometers per uur. De grootste snelheid, zeilende
zonder stoomvermogen, met eene stijve koelte
halver wind, bedroeg 20 kilometers per uur.
De bewapening bestaat uit 21 stukken geschut,
waaronder 12 30 ponders,
4 60   * *
veld- of landings- 1 12 ℔ houwitzer,
    geschut 1 3 ℔ bronzen kanon,
1 12 ponder,
2 mortieren 12 dm.
100 geweren.
Gedurende vijf jaren had de *Medusa* dienst

gedaan in Oost-Indië, en bovendien eene reis gemaakt naar China en Japan, onder den zoo verdienstelijken toenmaligen Kapitein-Luitenant Fabius; het was dus niet te verwonderen, dat zoo-danig schip, zeilende en stoomende, maar meest zeilende, groote behoefte aan reparatie had. Nadat hierin was voorzien, werd de *Medusa* op den 1 Mei 1862 te Vlissingen in dienst gesteld.

De plegtige indienststelling, waarbij de vlag op nieuw geheschen wordt, leverde niets mel-dingswaardigs op, tenzij men vermeent, dat het van eenig belang is te weten, hoe zoodanige indienststelling plaats heeft, met 't oog waarop ik dan ook eene korte beschrijving niet overbodig acht.

De kommandant, aan wien het bevel wordt opgedragen, bevindt zich reeds een paar dagen te voren in een logement, alwaar de officieren en adelborsten zich van lieverlede ook hebben vereenigd; bij deze ontmoeting vertelt men el-kander de vreugde of teleurstelling, waarmede de plaatsing op die oude of nieuwe schuit is verkregen, al naar men meent, dat het schip be-stemd is om in Indië afgevaren te worden, of nog eens naar Holland terug te keeren. De dag wordt verder doorgebragt met het schip te be-zigtigen, hier en daar, naar gelang van leeftijd of zienswijze, veel afkeuren of goed te vinden van den bouw, de bewapening, verdeeling, enz. van den bodem.

Eindelijk breekt de dag der indienststelling

aan. 's Morgens ten 8 ure begeeft zich de geheele Etat-major naar boord van den bodem, die half getuigd en soms half geschilderd, als een levenloos monster zijne oproeping in het leven afwacht. De bemanning op het wachtschip vereenigd geworden en reeds lang bestemd voor den bodem, marcheert langs de kade in volmaakte orde naar boord, begeleid door een der officieren van het wachtschip; daarop komt de equipagemeester met den kommandant aan, en alles op het dek vereenigd zijnde, houdt de equipagemeester eene toespraak, waarbij hij onder anderen den kommandant met het bevel geluk wenscht; deze rede wordt beantwoord door den kommandant, die daarna den roffel laat slaan, waarbij onze dierbare driekleur langzaam en statig zich ontrolt en naar den nok van de gaffel opklimt, terwijl de wimpel met een ruk van de kloot van den grooten bramtop los waait. Vervolgens worden de HH. officieren en de bemanning door den kommandant toegesproken, die gewoonlijk belooft streng, maar billijk te zullen regeren, en met Gods hulp de eer der vlag in alle oorden der wereld te zullen handhaven.

Het levenlooze monster is uit zijn doodslaap opgewekt, het is nu eene drukte tusschendeks, en een geloop die trappen op en af zonder einde, tot men de fluit van den schipper verneemt, die met eene barsche stem daarop laat volgen, *al hens*

op (1), *regelt je klassische wijs, twee dik.* De
kommandant verlangend om de elementen te beschouwen, welke hem ten dienste zullen staan
in het volbrengen zijner pligten, loopt, vergezeld van den eersten officier en den schipper, de
in twee gelederen naar rang en klasse geschaarde
equipage langs, ontmoet er soms verscheidene
oude kennissen onder, en laat daarna den eersten officier het volk naar zijn beste weten uitzoeken en verdeelen voor het werk, waartoe
zij het meest geschikt zijn, roeijers, schiemans-
gasten, bootsmansgasten, enz. Middelerwijl begeeft zich de kommandant naar den vlagofficier,
directeur en kommandant van de werf, om te
rapporteren, dat hij het schip van den equipagemeester heeft overgenomen, bij welke gelegenheid de Schout-bij-Nacht of Admiraal hem
bekend stelt met de bedoeling van den Minister,
naar aanleiding waarvan hij zijne dienst aan-
vangt en regelt.

Drie weken na de indienststelling had de
reis des Konings plaats in de provincie Zee-
land, bij welke gelegenheid Zijne Majesteit op
den 23 Mei ook de *Medusa* met H. D. tegenwoordigheid vereerde, en equipage en schip in-
specteerde, waarbij Z. M. hooge tevredenheid
met die welgemeende en hartelijke woorden

----

(1) Waarschijnlijk afkomstig van het Engelsch „ *all hands
on deck,*" door iemand ingevoerd die wel eens een Engelsch
oorlogschip bezocht had.

den kommandant en HH. officieren werd betuigd, welke op een ieder, wien zoodanige eer
te beurt valt, een diepen indruk achterlaten.
Reeds toen was de houding der equipage en het
snel behandelen van het geschut en de hand-
wapenen zoo goed, alsof het schip reeds een
jaar in dienst ware geweest, hetgeen onmiddellijk
door Zijne Majesteit werd opgemerkt. Als aan-
denken aan dit hoogst vereerend Koninklijk bezoek werd door Z. M. aan den kommandant
H. D. portret ten geschenke aangeboden, terwijl aan al de leden van den Etat-major een
photografisch portretkaartje werd uitgereikt, welk
blijk van 's Konings welwillendheid door allen
met groot genoegen werd ontvangen.

Ofschoon de zeildag op 1 Julij was bepaald,
konden wij door weêrsgesteldheid niet vóór den 5
Julij onze reis aanvaarden; het was één ure na
middernacht toen het anker geligt werd, en stil
verdween de *Medusa* in het duistere van den
nacht van de reede van Vlissingen, om Lissabon
en Monte-Video aan te doen, met bestemming
naar Oost-Indië.

Ik zal den geachten lezer niet ophouden met
eene beschrijving der reis naar Indië, zoodanige
reizen zijn reeds genoeg in druk verschenen, en
bovendien heb ik mij alleen voorgesteld, om het
verblijf in de Japansche wateren te beschrijven.

Den 28 Julij verlieten wij de reede van Lissabon, kwamen den 10 September ter reede

van Monte-Video aan, en vervolgden den 28 September de reis om de kaap de Goede Hoop naar Oost-Indië.

Wij lieten den 29 November 1862 het anker vallen op de reede van Batavia, en bevonden de hitte bijna ondragelijk op de reede; werden door den Schout-bij-Nacht May geïnspecteerd, en kregen order naar Onrust te stoomen, ten einde het schip voor de dienst gereed te maken; kregen nog al veel koortslijders aan boord; waren in het begin van Januarij 1863 gereed voor alle diensten, en verlieten den 20 Januarij de reede van Batavia met bestemming naar Japan.

Aangezien in dit saizoen de N. O. passaat in de Chinesche zee predomineert, moest de *Medusa* een grooten omweg maken, en zooveel mogelijk oost halen om Japan te kunnen bereiken. Wij stoomden met flaauwen tegenwind benoorden Java, door de Saleyer-straat en de zoo heerlijk schoone doch zeer naauwe straat van Boeton, in tien dagen naar Amboina, vulden aldaar het kolenruim, en verlieten den 4 Februarij de baai van Amboina, en koersten benoorden Ceram door de Dampier-straat naar de stille Zuidzee; hadden allerlei tegenspoed van wind en stroom, zoodat wij eerst den 15 Maart in de baai van Nagasaki ten anker kwamen; vonden aldaar ter reede, behalve eenige Russische oorlogsbodems, ook Z. M. schroefstoomkorvet de *Vice-Admiraal Koopman*, onder bevel van den Kapitein-Luitenant Buijs, en een Engelsch opnemings-vaartuig *the Swallow*, onder bevel van den *master Ward*, die op last der admiraliteit zich uitsluitend onledig hield met kaarten van de Japansche en Chinesche wateren te vervaardigen, een zeer nuttig werk, aangezien de kaarten, die toen nog zelfs aan de Ned. oorlogschepen werden medegegeven, zeer veel aan naauwkeurigheid te wenschen overlieten.

Ik mag hier niettemin de welverdiende hulde niet achterwege houden, welke aan sommige Nederl. zee-officieren toekomt, die zich in het doen van opnemingen en het verbeteren van kaarten zeer verdienstelijk hebben gemaakt, waaronder de Kapitein-Luitenant I. van Gogh vooral genoemd mag worden.

Volgens mijne instructie, welke ik den Consul-Generaal K. de Wit te Nagasaki bekend maakte, moest de *Vice-Admiraal Koopman* nog twee maanden in Japan vertoeven, en de beide schepen *Medusa* en *Koopman*, onder mijne bevelen, naar aanwijzing van den Consul-Generaal, in Japan de vlag vertoonen op die plaatsen of in die vaarwaters, waar zulks nuttig kon zijn, en het reeds bestaande ontzag voor de Nederlandsche vlag kon vermeerderen.

In alle handelingen van eenig gewigt of te ondernemen togten, moet de Stations-kommandant in de wateren van Japan steeds in overleg treden met den politieken Agent of Consul-Generaal. Mij hiernaar gedragende, werd er besloten, reeds

den 23 Maart met beide schepen naar Yokohama te stevenen; daar aangekomen zou de
Medusa alleen terugkeeren naar Nagasaki, om
de komst af te wachten van een Zwitsersch gezantschap, dat de voorspraak en bescherming
der Nederlandsche regering had ingeroepen, tot
sluiting van een handelstractaat met Japan, welk
gezantschap alsdan door de binnenzee aan boord
der *Medusa* naar Yokohama kon worden overgevoerd.

Yokohama is de zetel van de Ministers en
Consuls der vreemde mogendheden. Handels-
huizen, vooral van Engelschen en Amerikanen,
zijn hier in menigte, ofschoon van Nederlanders
slechts weinige.

Yeddo ligt op ongeveer 4 uren gaans van deze
woelige handelsplaats, de gemeenschap met die
tot de groote steden der wereld behoorende hoofdstad geschiedt langs een prachtigen breeden weg,
Tokaido genaamd, waar de vreemdeling opgetogen de heerlijkste natuurtafereelen aanschouwt,
en telkens groepen van huizen voorbij gaat, die
aanhoudend door bebouwd land of bosschen, of
gezigten op de baai worden afgewisseld.

De reede van Yokohama levert van 3 tot 7
en 9 vademen goeden ankergrond op voor eene
menigte schepen, en is zeer veilig. De omstreken
van Yokohama zijn zoo heerlijk schoon, dat ik
het niet wagen zal door vergelijkingen met andere landen, welke ik doorreisd heb, te trachten

den geachten lezer er een denkbeeld van te geven; want het is mij zoo mooi en schilderachtig
nog voor den geest, dat ik het jammer zou vinden, zoodanige beschrijving niet aan meer bevoeg-
den over te laten. Mij dunkt het moet den ge-
moedelijken schilder dikwijls gebeuren, dat hij in
dezelfde aarzeling verkeert, wanneer hij met
den besten wil daartoe, toch met zijne kleuren
niet kan wedergeven, wat hem in een natuur-
tafereel zoo diep heeft getroffen.

Met de twee schepen buiten de baai van
Nagasaki gekomen, stak de wind allengs op en
nam den volgenden dag toe tot eene fiksche ge-
reefde marszeils koelte, met stormvlagen, en dik
verstopte lucht. Des avonds van den 25 Maart met
zonsondergang voor de straat van Diemen gekomen, en ons goed verkend hebbende aan het
eiland Idsu-sima, achtte ik het raadzamer vóór
den wind die straat door te zeilen, dan den
geheelen nacht op en neêr te houden om den
dag af te wachten; want de stroomen zijn soms
zoo sterk en onregelmatig, dat men er door in
allerlei gevaar gebragt kan worden, vooral
's nachts. Wij vlogen de straat door in het duistere
van den nacht, en door scherp uitkijken vermeden
wij de gevaren, die aan onze stuurboordzijde of
zuidelijken kant der straat door stroomverleiding
mogelijk waren; — in zulk stormweder op eene
rots of een rif te stooten is gelijk aan eene plotse-
linge vernietiging van schip en equipage. Wij

zeilden de volgende dagen steeds met een gun-
stigen wind door, en kwamen den 28 Maart
in de baai van Yeddo op de reede van Yokohama aan, salueerden de vlag van den Engelschen
Schout-bij-Nacht Kuper, die met een eskader van
zeven verschillende bodems ter reede lag, als:
Euryalus, *Battler*, *Coquette*, *the Pearl*, *Centaur*,
Coromandel, *Havock*; van Frankrijk lagen er
slechts twee oorlogsbodems, namelijk, de stoomkorvetten *Dupleix* en de *Dordogne*.

Na met den Consul, den Heer de Graeff van
Polsbroek, kennis gemaakt te hebben, en ZEd.
een en ander over mijne komst en het overnemen
van het stations-kommandement te hebben medegedeeld, begaf ik mij met den Kapitein-Luitenant
Buijs naar den wal, die mij met de verschillende
diplomaten en militaire en civiele autoriteiten in
kennis bragt.

Hoewel alles in vrede was, was die Engelsche
zeemagt daar echter niet alleen om handelsbelangen
te beschermen; ik vernam al spoedig, dat de Engelsche regering met de Japansche in onder-
handeling was getreden omtrent het uitleveren
of bestraffen der moordenaars en het betalen eener
schadevergoeding of liever eener boete, (penalty),
welke Engeland eischte voor den moord, in September 1862 op een zeker Engelsch onderdaan
Mr. Richardson gepleegd.

De Japansche Gouverneur van Yokohama bragt
mij een bezoek ten huize van den Heer de Graeff

van Polsbroek, en betuigde, even als die van Nagasaki zulks had gedaan, eene bijzondere genegenheid voor de Nederlanders, die hij, ook zoo als zulks laatstgenoemde deed, de oudste goede vrienden van Japan noemde.

Op eene aanschrijving van den Kommandant der zeemagt in Oost-Indië, waarbij Z. M. schroef-stoomschip *Vice-Admiraal Koopman* bestemd werd, om, indien deze bodem in Japan gemist kon worden, naar China te vertrekken tot het vervoeren van den Consul-Generaal Mr. Des Amorie van der Hoeven naar Peking, zond ik den 8 April dezen bodem terug naar Nagasaki, om zich voor die reis aldaar gereed te maken.

De Engelsche Admiraal het lang te vergeefs wachten moede en daartoe bevelen uit Engeland ontvangen hebbende, zond den 6 April een zijner ligte vaartuigen (gunboat) met een ultimatum naar Yeddo, waarbij der Japansche regering 20 dagen tijd werd gegeven, om te voldoen aan de gestelde eischen, in gebreke waarvan de Engelsche vloot onmiddellijk vijandelijkheden zou aanvangen; bij dit ultimatum eischte Engeland onder anderen als boete 110,000 pond sterling, benevens de ter dood brenging der moordenaars in tegenwoordigheid van eenige daartoe aan te wijzen officieren der Britsche zeemagt.

Ten einde den geachten lezer eenig denkbeeld te geven van de zaken, die alzoo voorvielen, en van den toestand der Europeanen in Japan, vermeen ik niet beter te kunnen doen, dan voor een gedeelte eenige bladen uit mijn dagboek letterlijk te copiëren.

15 April. De geruchten van algemeenen oorlog tegen de Europeanen worden hoe langer hoe meer in Yokohama voor waar gehouden, doch in éénen dag wordt soms alles omgekeerd, en weet men niet meer waaraan te moeten gelooven; niettemin besloot de Engelsche Chargé d'affaires, Colonel Sir St. John Edward Neale, om met den Britschen opperbevelhebber en verdere autoriteiten eene conferentie te houden aan de Britsche legatie, ten einde te raadplegen over hetgeen te doen staat in deze hagchelijke omstandigheden, aan welke conferentie ik officiëel werd uitgenoodigd deel te nemen.

16 April. Conferentie aan de Britsche legatie; tegenwoordig waren: de Chargé d'affaires van Engeland, Colonel Neale, — de Schout-bij-Nacht, opperbevelhebber der Engelsche vloot, Kuper, — de Kapitein-Luitenant, oudste aanwezend hoofd-officier der Fransche marine en kommandant van de *Dupleix*, Massot, — de kommandant van de *Medusa*, Stations-kommandant, de Casembroot, — en de Engelsche kapitein der genie, Brine. — De Fransche Minister was wegens ongesteldheid afwezig.

Colonel Neale schildert den onzekeren toestand, waarin de Europeanen zich bevinden tegenover de Japansche regering en bevolking, in korte woorden duidelijk af, en verzocht, dat er in zijne tegenwoordigheid onder de leiding van den Schout-bij-Nacht Kuper mogt worden overgegaan tot het bepalen van de eventuëel vereischte maatregelen tegen een algemeenen aanval op Yokohama. Alvorens daartoe over te gaan , vroeg ik het woord, en verklaarde , dat ik volgens mijne instructiën eene strikte neutraliteit tegenover Japan wenschte te handhaven , en indien ik zitting nam in deze conferentie, zulks alleen meende te mogen doen door de bestaande afwezigheid van den Nederlandschen diplomatieken Agent, den Heer de Wit, die zich te Nagasaki bevond , en aldaar dagelijks zijn opvolger wachtende was; dat ik overigens, om tijdverlies voor te komen , en omdat er drie weken verloopen zouden , alvorens antwoord te ontvangen van mijnen Consul·Generaal te Nagasaki , bij eenige onvoorziene vijandelijkheid der Japanners tegen Yokohama mijne neutraliteit zou laten varen , indien de eer van Nederland zulks vorderde.

Met het plan van Yokohama ter tafel, werd nu overgegaan tot de beschouwing, of uit een militair oogpunt Yokohama te verdedigen zou zijn door de vereenigde voorhanden zijnde land- en zeemagt, welke beschouwing na lang wisselen van gedachten, eindigde met het besluit, dat er eene circulaire aan al de Consuls der verschillende landen zou worden rondgezonden, om aan hunne landgenooten bekend te maken, dat de gezamenlijke zeemagt alhier ter reede zich niet in staat bevindt, op voldoende wijze de

plaats te verdedigen, noch hun eene voldoende
bescherming te kunnen verleenen, in geval van
een algemeenen aanval op de stad, opdat de
Europesche inwoners nog in tijds die maatregelen
zouden kunnen nemen, welke zij voor hunne
veiligheid noodig achten. Nu werden de nachtseinen bepaald, om bij een onverhoopten aanval
in den nacht de ingezetenen ter hulp te snellen, en
die zooveel mogelijk met de gezamenlijke sloepen
der oorlogschepen en koopvaarders te redden;
terwijl de vereenigde *Engelsche*, *Fransche* en
Nederlandsche mariniers en matrozen den vijand
zoo lang mogelijk in het front en in den flank
zouden aanvallen.

De Schout-bij-Nacht heeft het voornemen, indien door Japan het ultimatum wordt verworpen,
slechts een zijner stoomkorvetten en twee gun_
boats hier te laten, en onmiddellijk met de overige
schepen de reede te verlaten, in dit geval zal
de Fransche korvet *Dupleix* de Engelsche vloot
volgen, zoodat van de Fransche zijde slechts de
Dordogne achterblijft. Het is waarschijnlijk, dat
de Engelschen eene demonstratie op het oog
hebben op Osacca in de binnenzee, of dat zij
zich van de Loo-Choo-eilanden zullen meester maken.

Den Heer de Graeff van Polsbroek heb ik
dadelijk kennis gegeven van hetgeen er in de conferentie was verhandeld, waarop hij een overlandpost organiseerde naar Nagasaki, waarvan

ik gebruik maakte om onzen Consul-Generaal
en politieken Agent officiëel te rapporteren, en
dien hoofdambtenaar tevens te vragen, of hij niet
beter zou vinden in al die verwikkelingen het
Zwitsersche gezantschap, bij eventuële aankomst,
voorloopig te Nagasaki te doen verblijven.

17 *April.* De publiekmaking der circulaire heeft
alle ingezetenen zeer verontrust. De Japansche
kooplieden en leveranciers beginnen van lieverlede
Yokohama te verlaten.

18 *April.* Aan boord gekomen de Heer Metman,
Oost-Indisch ambtenaar, gedetacheerd als secretaris bij het Zwitsersche gezantschap. Z.W.Ed.Gestr.
gaf mij officiëel kennis, dat het Zwitsersche gezantschap dadelijk door de Japansche regering zou ontvangen worden te Yeddo, zoodra het alhier zou overkomen, en verzocht mij maatregelen te willen nemen om den overvoer van dat gezantschap, zoodra
het te Nagasaki zou arriveren, te bespoedigen. Deze
mededeeling gevoegd bij hetgeen in de conferentie van den 16 dezer door den Britschen vlootvoogd was gezegd, omtrent het achterlaten van
slechts een stoomschip en twee gunboats op deze
reede, besloot ik een tweeden overlandpost te
zenden naar Nagasaki, om den Consul-Generaal de
Wit te doen weten, dat ik met de *Medusa* deze
reede nu niet kon verlaten om het gezantschap af te
halen, en dus eene aanschrijving zond aan den
kommanderenden Officier van de *Koopman*, met
uitnoodiging om het Zwitsersche gezantschap zoo

spoedig mogelijk naar herwaarts over te voeren.

Door welwillende tusschenkomst van den Heer de Graeff van Polsbroek is mij eene copij ter lezing gezonden van in het fransch vertaalde officiële bescheiden van het Japansche gouvernement, opgezonden door een Nederlander, woonachtig te Hakodadi, aan onzen Consul alhier.

Première proclamation.

Au Vice-Gouverneur et au Contrôleur.

On vient d'opérer de grands changements dans le gouvernement de Yeddo, surtout dans le but de préparer les armements et les munitions pour la guerre. Hakodadi est un port nouveau et pour les Japonnais et pour les étrangers. Il peut arriver que les étrangers y deviennent nombreux, et nous manquons des armements nécessaires qui doivent être complétés dans peu de temps.

Mais tant qu'ils ne sont pas au complet, il est certain que lorsque le Gouverneur sort, la retenue du Vice-Gouverneur et la sienne propre sont fidèles au rendez-vous, et tous savent prendre leurs places, mais s'il arrive quelque chose d'extraordinaire, il est possible que cette promptitude soit impossible. Que faut-il faire? C'est cela que je vous prie d'examiner au plus tôt possible et de me faire savoir.

7me mois.

signé: KACHIIA TJIKOOGO ONO KAMI.

Réponse.

En cas d'évènements extraordinaires, on frappera le tambour à coups précipités comme un signal. Aussitôt que la douane entendra ce signal, elle fera sonner la cloche de la douane avec vigueur. Aussitôt qu'aux différents temples on aura entendu ce signal, on fera sonner les cloches à toute vitesse de manière à avertir tout le monde, et tous les membres des différents offices devront se rendre à l'hôtel de ville. Le camp de Namboo aussitôt qu'il aura été averti par ces signaux, fera partir trois fusées pour avertir le camp à Tsooguroo, chargé avec celui de Namboo de la protection de la ville. Tsoogaroo répondra aux signaux par trois fusées, qui avertiront le camp de Kamida, où l'on tirera trois coups de canon pour répondre, et ainsi tous les employés avertis se rendront aussi à leurs offices propres à Hakodadi.

Les deux camps Namboo et Tsoogaroo devront faire savoir ceci à tous leurs subordonnés.

signé : { le Vice-Gouverneur. { le Contrôleur.

Les ordres du Micado au Taycoon concernant les étrangers.

Depuis longtemps le plan d'expulser les étrangers a occupé notre esprit, et bien que cela ait été différé, la volonté Impériale ne peut pas changer. Pendant que dans les départements du Taycoon des changements graduels ont été opérés dans toutes les formes, afin d'exécuter un nouveau système, nous avons remarqué le respect entretenu pour notre volonté, mais si à présent l'expulsion des barbares de nos dominions n'a pas lieu, les coeurs du peuple ne seront unis qu'avec difficulté, et ceci est la cause du grand chagrin au sein Impérial.

Que le Taycoon fasse tout ce qui est dans son pouvoir pour assurer l'expulsion certaine des barbares, et les ordres doivent être donnés sans retard à tous les Daïmios. D'ailleurs il est du devoir du commandant en chef (le Taycoon) d'exécuter le projet.

Achevez vite l'entière entreprise, réalisez ce qui a été l'objet des délibérations de l'Etat jusqu'aujourdhui, et déterminez l'époque précise où la communication avec les vilains étrangers cessera.

Vous nous enverrez un rapport sur cette matière.

20 *April.* Aan de Britsche legatie vernomen, dat het tegenwoordig Japansche gouvernement van Yeddo, dus de Taykoen, den vreemdelingen zeer genegen is, doch zwak is en zeer bevreesd voor den magtigen vorst van Satsuma. Engeland is reeds eenmaal door het Japansche gouvernement aangezocht geworden, om het tegen Satsuma te ondersteunen.

Het gevaarlijkste voor Yokohama zal zijn, wanneer de Engelsche vloot Kagosima, de hoofdplaats van het Rijk van Satsuma gaat bedreigen; in zoodanige omstandigheid zou deze magtige vorst zijne benden op Yokohama kunnen afrigten, en dan moeten de ingezetenen zich met den meesten spoed op de reede aan boord der schepen redden — de Hemel geve, dat het zoo ver niet kome: want aanvallen door Japanners besloten, geschieden meestal zoo onverwacht mogelijk en bij voorkeur in den nacht, zoodat de redding of het vlugten naar de reede toch altijd veel menschenlevens

zou kosten van diegenen, die geen tijd zouden
hebben om weg te komen.

21 *April.* De Amerikaansche Minister, Generaal
Pruijn, heeft eene meeting zijner landgenooten gehouden, en hun eene circulaire doen hooren, welke
Zijne Exc. aan de Britsche legatie heeft ingediend,
welke circulaire zoowel als de beantwoording
derzelve door den Britschen Chargé d'Affaires, ik
heden in het dagblad *the Commercial News* aantrof,
inhoudende:

1⁰. dat hij zich beleedigd achtte, dat men ver-
zuimd had hem uit te noodigen, om deel te nemen
aan de conferentie van 16 April, gehouden aan
de Britsche legatie.

2⁰. dat hij het ontijdig en gevaarlijk vond, om
nu reeds publiek te maken, zoo als geschied
was, dat de ingezetenen van Yokohama niet op de
bescherming konden rekenen der oorlogschepen.

3⁰. dat het onverantwoordelijk was, dat de Engelsche Admiraal een ultimatum had durven stellen
aan Japan, zonder de middelen te bezitten om
krachtig te kunnen handelen en de Europeanen en
Amerikanen te beschermen, in geval het ultimatum werd verworpen door de Japansche regering.

4⁰. Dat hij hoopte er geene weigering mogt
komen, doch zich bereid verklaarde als middelaar
tusschenbeide te treden.

De Chargé d'affaires van Engeland, Sir St.
John Neale, antwoordt hierop:

1⁰. Dat, aangezien de Vereenigde Staten van

Amerika thans geene oorlogschepen in de wateren van Japan hadden, de defensie-maatregelen
buiten hem, Minister van genoemde Staten,
konden genomen worden.

2ⁿ. Dat het veel gevaarlijker zou geweest zijn,
de ingezetenen van Yokohama op eenige bescherming te doen staat maken, die niet ten hunnen
opzigte bestaat — dat de waardigheid van Groot-
Brittanje niet ten behoeve van eenige kooplieden
mogt in de waagschaal gesteld worden, door eene
onvoldoende bescherming te verstrekken, welke
kooplieden met hunne huisgezinnen nu nog tijd
hebben zich van scheepsruimte te voorzien op de
vele koopvaardijschepen hier ter reede.

3⁰. Wat betreft het opzenden van het ultimatum, de Amerikaansche Minister zal behooren
te weten, dat de Britsche legatie met den opperbevelhebber der Britsche zeemagt in deze wateren, in al hunne handelingen de bevelen van
het Engelsche gouvernement stiptelijk hebben na
te komen, en geenszins op eigen autoriteit zulk
een gewigtigen stap hebben mogen nemen. (1)

22 *April*. De Amerikaansche Minister vertrokken
naar Yeddo met de Japansche oorlogsstoomer *Ja-*
pan (Amerikaansche vlag aan den grooten top geheschen); — deze stoomer was daags te voren hier

---

(1) De goede verstandhouding tusschen deze diplomaten
was onmiddellijk weder hersteld, en is voortdurend uitmuntend gebleven.

aangekomen, om Zijne Excellentie af te halen.

23 *April*. Verzoek der Japansche regering aan de Engelsche legatie, om 30 dagen uitstel op het ultimatum; hierop door den Engelschen Chargé d'affaires 15 dagen verleend, zoodat den 12 Mei alles beslist zal zijn.

26 *April*. Heden arriveerde Z. M. schroefstoomschip *Vice-Admiraal Koopman* van Na-gasaki, aan boord hebbende het Zwitsersche gezantschap, bestaande uit Z. Exc. den gevolmag-tigden Minister A. Humbert, den majoor der artillerie Brinzolff, den secretaris van legatie Brennwald en den 1sten luitenant der artillerie Keijzer. Nog ter reede gekomen het Fransche oorlogsstoomfregat *Semiramis*, de vlag voerende van den Schout-bij-Nacht Jaurès.

27 *April*. Gaven met zonsopgang een salut van 13 schoten met de Fransche vlag, en van 17 schoten met de Zwitsersche vlag aan den voortop; werden met gelijk getal schoten bedankt.

Officiële bezoeken, contra-bezoeken en diners bij de Engelsche en Fransche vlootvoogden en diplomaten zijn nu aan de orde van den dag; het Zwitsersche gezantschap is gedebarqueerd, en de Minister Humbert met zijn secretaris heeft bij onzen Consul, den Heer de Graeff van Pols-broek, zijn intrek genomen. De Fransche Schout-bij-Nacht Jaurès gaf mij niet onduidelijk te kennen, dat hij de bepalingen, gemaakt door den Engelschen Schout-bij-Nacht Kuper, in geval van een aanval bij nacht, niet geheel beaamde, alsmede dat met de sedert toegenomen zeemagt alhier ter reede, Yokohama wel te verdedigen is, en dat hij order gezonden had naar Shang-hai, om de zich aldaar bevindende 300 Fransche soldaten met den meesten spoed naar Yokohama te doen overvoeren.

5 *Mei.* De zaken beginnen een ander aanzien te krijgen. Het geheim order geven aan de Japansche bevolking, om Yokohama te verlaten, waardoor de Europesche ingezetenen weldra alle levensbehoeften zullen missen, het wegloopen der Japansche bedienden, waardoor alle Europesche huisgezinnen, behalve die, welke eenige Chinesche bedienden hebben, in de grootste verlegenheid zijn gebragt, het bepaald verklaren van den Gouverneur van Kanagawa, dat hij niet bij magte was de onzijdige Europeanen te beschermen, wanneer Yokohama werd aangevallen, de verschillende ingewonnen berigten van den Franschen Minister omtrent het genomen besluit in Japan, waarin de Mikado als hoofd der regering allen aanspoort tot verwijdering der vreemdelingen, en de groote waarschijnlijkheid dat de Taykoen aan de bevelen van den Mikado zal gehoorzamen, een en ander bewijst, dat het tractaat met de verschillende mogendheden in 1858 aangegaan, door Japan niet wordt nagekomen, ten gevolge waarvan de onzijdigen zich nu ook in onmiddellijk gevaar gaan bevinden. De Engelsche Chargé d'affaires, hiertoe door den Franschen

Schout-bij-Nacht Jaurès dringend uitgenoodigd,
heeft besloten voorloopig de kwestie tusschen
Engeland en Japan te laten rusten, en zich met
den Franschen Minister verbonden, om zich aan
het Japansche gouvernement te beklagen over het
niet nakomen van het tractaat, en tevens te verklaren, dat zij het voortdurend verlaten van Yokohama door de Japansche bevolking als eene hosti-
liteit van Japan beschouwden tegen alle natiën.

Dit alles werd mij officiëel door den Franschen
Minister Du Chesne de Bellecourt medegedeeld,
waarop ik mij met den Heer de Graeff van Polsbroek bij Zijne Excellentie heb begeven, om te
verklaren, dat ik in deze vijandige handelingen
van Japan bereid was met de tot mijne beschikking staande middelen tot de algemeene
verdediging van Yokohama mede te werken;
doch aangezien de Consul-Generaal der Nederlanden te Nagasaki met de politieke zaken
speciaal belast was, ik mij de bevoegdheid niet toe-
kende, zonder zijne voorkennis eenig deel te nemen
in de aanbieding van hulp aan den Taykoen tegen de oproerige partij, die de verwijdering der
vreemdelingen uit Japan wilde bewerkstelligen.

Ik noodigde den kommandant van Z. M.
schroefstoomschip, *Vice-Admiraal Koopman* uit,
met spoed naar Nagasaki terug te keeren, en
zich aldaar ter beschikking te stellen van den
Consul-Generaal, met last tevens om, zoodra
zijn onderhebbende bodem voor de beveiliging

der Nederlanders aldaar niet meer vereischt werd,
alsdan naar Hongkong te stevenen.

7 *Mei*. De zaken hebben heden eene gunstiger
wending genomen; er zijn namelijk door de Japansche regering maatregelen genomen tegen de
algemeene verhuizing naar elders der Japansche
bevolking van deze plaats; het is te vermoeden
dat zulks een gevolg is van de verklaring, eer-
gisteren door de Fransche en Engelsche diplomaten aan het Japansche gouvernement gezonden,
waarin zij deze ontruiming van Yokohama, waardoor alle vreemdelingen van voeding, bediening
enz. ontbloot worden, indien die niet onmiddellijk
gestaakt werd, zouden beschouwen als een vijandelijk feit, gepleegd met het doel om de Europeanen te noodzaken Yokohama te verlaten.

De markt was dan ook heden ruimschoots van
alle mogelijke levensmiddelen voorzien, meer dan
zulks in den laatsten tijd het geval was.

De bevolking begint van lieverlede in Yokohama terug te keeren, en de kooplieden laten
hunne aan boord der *Medusa* in zekerheid ge-
bragte geldswaarden terug halen, zoodat voor het
oogenblik de vrees voor vijandelijkheden aanmerkelijk verminderd is.

De Consul der Nederlanden heeft voorloopig
zijne woonplaats in het Europeesch kwartier ge-
kozen, alwaar hij in geval van nood beter be-
schermd kan worden; eenige leden van het
Zwitsersche gezantschap zijn bij hem gehuisvest,

terwijl Zijne Excellentie de Minister Humbert en de Heer Brennwald, gisteren aan boord der *Medusa* zijn gekomen en aldaar voorloopig zullen blijven.

8 *Mei*. Alles is weêr omgekeerd; de ongerustheid aan wal is grooter dan ooit; allerlei geruchten zijn in omloop, men weet niet wat daarvan te gelooven. Als veiligheids-maatregel wordt er voortdurend gedurende den nacht door een detachement van de *Medusa* wacht gehouden, tot bescherming van het Nederlandsche Consulaat-Generaal.

Op een diner aan boord van de *Semiramis* bij den Franschen Schout-bij-Nacht Jaurès, verzekerde mij deze, zoowel als de Engelsche vlootvoogd, dat, aangezien de oorlog met Japan onvermijdelijk scheen te worden, zij zich voorgenomen hadden, Yokohama in staat van verdediging te stellen, en dat zij zich zeer verheugden, dat ik besloten was daartoe mede te werken; ik herhaalde bij die gelegenheid, dat ik mij voor het overige in geene politieke kwestiën mogt mengen. Er zijn berigten bij de Engelsche legatie ontvangen, dat de Taykoen, Miako (1) heeft verlaten en naar Yeddo terugkeert, alwaar Zijne Majesteit den 24 Mei kan aankomen.

12 *Mei*. Op verzoek der Japansche regering is

_____

(1) *Miako*, ook wel *Kioto* genaamd, is de Japansche benaming van de residentie van den Mikado.

er een nieuw uitstel op het ultimatum van Engeland verleend.

De Schout-bij-Nacht Jaurès is belast met de
verdediging van Yokohama.

11 *Mei*. De Consul der Nederlanden, de Heer
de Graeff van Polsbroek, het nuttig achtende eene
poging te doen bij de Gorogio (Ministerraad
te Yeddo), om het Zwitsersche gezantschap door
de Japansche regering te doen ontvangen, had
zich daartoe met den Heer Metman en mij vereenigd, en bij de Gorogio eene audientie gevraagd, welke op heden bepaald was geworden,
zoodat ik het anker ligtte, en met die Heeren
aan boord naar de reede van Yeddo zeilde.

Te Yeddo aangekomen werden wij, door eene
talrijke wacht Japansche sabeldragers vergezeld,
binnengelaten in het gebouw waar de Ministers
vereenigd waren, en na een half uur over het
weder en andere niets beduidende zaken gesproken te hebben, vroeg de tolk beleefdelijk naar
de reden van onze komst.

De Consul der Nederlanden zeide toen onder anderen: dat het gouvernement van Z. M. den Koning
der Nederlanden aan het Zwitsersche gezantschap
zijne voorspraak beloofd had bij de Japansche regering tot spoedige ontvangst van hetzelve, en
daardoor elke uitvlugt van de Japansche zijde,
om de Zwitsersche Heeren niet te ontvangen,
beleedigend was voor Nederland.

De Ministers verklaarden: dat zij nog geen dag

voor die ontvangst konden bepalen, aangezien de Taykoen nog niet te Yeddo terug was, dat zij niettemin hun best zouden doen, zoodra de Taykoen terug zou zijn, het gezantschap officiëel te ontvangen, doch dat de onrustige toestand, waarin Japan verkeerde, het sluiten van handels-tractaten met eene nieuwe mogenheid wel bemoeijelijkte. De Heer van Polsbroek, na nogmaals op die ontvangst op de meest beleefde wijze en met ernst te hebben aangedrongen, wees toen op de voordeelen, die een tractaat met Zwitserland ongetwijfeld voor Japan moest opleveren, welk een en ander door den tolk aan den Ministerraad werd overgebragt, waarop wij naar boord terugkeerden, wordende tot aan de sloep, die ons wachtte, met de noodige statie, door dezelfde eerewacht begeleid, die ons ontvangen had.

26 *Mei.* De Consul der Nederlanden, daartoe aanschrijving uit den Haag ontvangen heb-bende, vertrokken naar Nagasaki, aan boord van den Engelschen stoomer *Swallow*, ten einde voorloopig de functiën van Consul-Generaal over te nemen van den Heer de Wit, die steeds in afwachting van zijn opvolger, te Nagasaki was gebleven.

28 *Mei.* Zijne Excellentie de Minister Humbert besloten hebbende met het Zwitsersche gezantschap zijn intrek te nemen in het te Yeddo aanwezige gebouw van het Nederlandsche Consulaat-Generaal, stelde ik tot den overvoer

zoowel als tot den plegtigen intogt, schip en equipage ter zijner beschikking, ik ligtte dus 'smorgens teh 8 ure het anker, en stoomde naar de reede van Yeddo; aldaar aangekomen debarqueerde 100 gewapende matrozen en mariniers, liet scherpe patronen uitdeelen en vergezelde het gezantschap met den geheelen Etat-major der *Medusa* in groot tenu in plegtigen optogt naar het Consulaat Generaal, de Nederlandsche en Zwitsersche vlaggen op eenige passen van den stoet gedragen wordende door twee mijner manschappen, een matroos met de Nederlandsche en een marinier met de Zwitsersche; gaven bij het van boord gaan een salut van 15 schoten met de Zwitsersche vlag aan den voortop. Duizende Japanners hadden ons aan de landingsplaats opgewacht, en eene aanzienlijke wacht van Japansche sabeldragers te paard schaarde zich regts en links van den stoet om het gedrang voor te komen.

Aan het Nederlandsche Consulaat-Generaal aangekomen, werden de Nederlandsche en Zwitsersche vlaggen, onder het slaan van drie roffels en het presenteren van 't geweer, naast elkander aan den daarvoor opgerigten mast gehescht, waarop Zijne Excellentie de gevolmagtigde Minister van den Zwitserschen Bond zijn opregten dank betuigde voor de eer het gezantschap aangedaan; en aangezien er van regeringswege eene wacht van Japansche soldaten ter bescherming van Z. Exc. werd verstrekt, om het verblijf van matrozen en mariniers ter bewaking onnoodig te maken, (want de Japansche regering neemt liever de bewaking van vreemdelingen die in Yeddo vertoeven op zich, dan eene Europesche gewapende magt daarvoor in de stad te moeten dulden), keerde ik met de officieren en 100 manschappen in dezelfde orde terug naar boord, en stoomde naar de reede van Yokohama terug, alwaar wij heden namiddag ten 4 ure ankerden.

31 Mei. Gaven een salut van 15 schoten met de Engelsche vlag aan den voortop, bij gelegenheid dat aan boord van H. B. M. Admiraalschip *Euryalus* de Schout-bij-Nachts vlag van den kruistop naar den voortop verhuisde, ten gevolge der bevordering tot den tijdelijken rang van Vice-Admiraal, waarvan de tijding gisteren met H. B. M. stoomfregat *Leopard* was medegebragt. Hetzelfde salut werd door de ter reede liggende oorlogschepen eveneens gedaan; het getal oorlogsbodems is van lieverlede toegenomen, Engelsche: *Euryalus, Pearl, Rattler, Centaur, Leopard, Coromandel, Race horse, Ringdore, Havoc, Kestrel, Perseus, Barossa;* — Fransche: *Semiramis, Dupleix, Tancrede, Dordogne;* — Pruissische: *Gazelle.*

1 Junij. Den Generaal Pruijn, Minister der Vereenigde Staten gesproken. Z. Exc. heeft Kanagawa (1) verlaten, vreest dat het spoedig tot

(1) Kanagawa is een dorp gelegen aan den Keizersweg (tokaido) op ruim een half uur afstand van Yokohama; het was te Kanagawa dat aanvankelijk in 1858 de vertegen-

een oorlog moet komen; twijfelt zeer aan de vredelievende bedoelingen van den Taykoen.

Te Yeddo zijn honderde Lonings (1) ronddwalende, waarom de Japansche buitenwachten van Yokohama met 150 man zijn versterkt geworden; deze Japansche wachten, zoogenaamd bestemd om de bewoners van Yokohama tegen een aanval van die Lonings te beschermen, bestaan uit soldaten van den Taykoen, die in geval van zoodanige attaque zeer waarschijnlijk den vijand eerder zouden helpen dan tegenhouden. Het Zwitsersche gezantschap heeft Yeddo moeten verlaten op dringend verzoek van de Japansche regering, en is op de reede van Yeddo aan boord van het Japansche oorlogsstoomjagt *the Emperor* geëmbarqueerd.

8 *Junij*. Het Zwitsersche gezantschap onverrigter zake alhier van Yeddo teruggekeerd met *the Emperor*, aan boord van welk rijksstoomjagt zij met de meeste beleefdheid door de Japanners zijn bejegend.

woordigers der tractaat-mogendheden woonden, thans was er slechts de Generaal Pruijn gebleven, doch zijn vertrouwen op de welwillende gevoelens der Japanners begon nu te wankelen, waarom hij zich haastte, even als zijne collega's te doen, die reeds eenige jaren te Yokohama resideerden, welke plaats voor den handel beter gelegen is.

(1) Lonings, dezen naam geeft men in Japan aan een zich buiten de wet gesteld hebbend slecht volk, zoo als struikroovers, moordenaars en schavuiten, die, in groot getal vereenigd, voor den vreedzamen Japanner zoowel als voor den vreemdeling gevaarlijk zijn.

Conferentiën bij de Engelsche en Fransche legatiën, zoowel als op de reede aan boord van het Admiraalsschip *the Euryalus,* hadden gedurende Mei en Junij nog al dikwijls plaats, doch leverden geene andere resultaten op, dan het meer doelmatig versterken van Yokohama en het bekomen der overtuiging, dat de Taykoen, hoezeer welgezind zijnde, echter, uit vreeze voor de magtige landsheeren (*Daïmios*), daarvan niet openlijk in zijne handelingen durfde doen blijken.

Tot dus verre uittreksels uit mijn dagboek overgenomen hebbende, vermeen ik hiermede genoegzaam te hebben aangetoond, in welken toestand de Japanners zich ten opzigte der vreemdelingen bij mijne aankomst in Japan bevonden, hetgeen ik te meer noodig geacht heb, omdat men er in Nederland nog zoo velen aantreft, die zich geen denkbeeld kunnen maken van de verwarring, waarin de Japansche zaken zich toen bevonden.

Of het voor Nederland toen wenschelijk en nuttig zou geweest zijn, zoo als door sommigen wel eens beweerd werd, zich als bemiddelaar op te werpen tusschen de Japansche en Engelsche geschillen, kan ik niet beoordeelen, en of onze regering het noodig geacht heeft hiertoe pogingen aan te wenden, weet ik niet; maar zeker is het, dat ik toen bij verscheidene gelegenheden heb opgemerkt, dat de Japanners een groot vertrouwen in Nederlanders stelden, en hen nog als ware vrienden van hun land beschouwden, hetgeen niet altijd zonder eenig gevoel van afgunst door Amerikanen en Europeanen van andere natiën werd opgemerkt.

De Heer de Graeff van Polsbroek mij officieël
aangeschreven hebbende, dat hij het Consulaat-
Generaal voorloopig van den Heer de Wit had
overgenomen en aanvaard, en dat hij nu oordeelde in zijne nieuwe hoedanigheid met een
Nederlandsch oorlogsschip naar Yokohama te
moeten worden overgevoerd; en tevens berigt
ontvangen hebbende van den Kapitein-Luitenant
ter zee Buijs, dat hij met zijn onderhebbenden
bodem naar Hongkong was vertrokken, gaf ik
onmiddellijk kennis aan den Britschen Admiraal,
dat ik met de *Medusa* naar Nagasaki zou vertrekken, tot afhaling van den waarnemenden
Consul-Generaal der Nederlanden, en de reis
zou nemen door de binnenzee heen en terug,
aangezien ik in dit saizoen der Typhoons de
oude *Medusa* niet aan zoodanige stormen in open
zee meende te mogen blootstellen.

Den 10 Junij verliet ik de reede, voorzien van
twee Japansche loodsen voor de binnenzee, en bepaalde tot besparing van steenkolen en bespoedi-
ging tevens der reis, den koers te zullen nemen
door de zoogenaamde Whirlpool passage, door de
Japanners straat Naroto genaamd (1), gevende
het Kino-kanaal langs de kust van Osaka loopende,
hoewel veel veiliger voor de vaart, mij een omweg
van ongeveer 12 Duitsche mijlen; passeerde met
eene vliegende vaart, hebbende een zeer sterken
stroom mede, den 13^{en} 's avonds de Whirlpool-pas-

---

(1) Zie het kaartje dezer naauwe straat.

sage, waarin draaikolken het sturen zeer moeijelijk maakten, en de *Medusa* nu en dan digter bij de rotsen bragten, dan ik wel wenschte; wij waren in tien minuten door de straat, in de heerlijke spiegelvlakke binnenzee, en vervolgden nu, volgens eene kaart van den Kapitein-Luitenant ter zee van Gogh, langs schilderachtige eilanden en rotsen den koers naar den westelijken uitgang of de straat van Simonoseki, welke wij den 15en 's morgens passeerden. Op verschillende plaatsen lagen praauwen ten anker, en de heerlijke rust en vrede waarin de stad Simonoseki en hare schoone bergachtige omstreken verkeerden, deden ons toen niet vermoeden, wat de *Medusa* eene maand later voor dezelfde stad zou overkomen.

De straat door zijnde, kwamen wij tegen den avond in de baai van Jokubo op de westkust van Kiu-siu ten anker, aangezien de doortogt door de naauwe straat van Firando niet bij nacht kon plaats hebben; den volgenden dag woei het een geduchte storm, zoodat wij in de baai bleven liggen tot den 17en, passeerden toen de overheerlijke mooije straat Firando, langs kasteelen en nette woningen stoomende, en kwamen 's avonds van den 17en in de baai van Nagasaki ten anker, alwaar eene Engelsche stoomkorvet *the Rattler* en twee Russische oorlogsvaartuigen ten anker lagen.

De waarnemende Consul-Generaal de Graeff van Polsbroek, te Decima in het groot gebouw van het Nederlandsche Consulaat-Generaal zijn intrek genomen hebbende, ontving ons aller hartelijke gelukwenschen met de belangrijke betrekking, welke hem voorloopig was opgedragen.

Vooral met 't oog op de zoo toenemende verwikkelingen der Japansche regering met de Europesche Mogendheden, verheugde het mij zeer een diplomatieken Agent te bezitten, die voor het allerminst niet te Nagasaki zou behoeven te blijven, wanneer in Yokohama alle Mogendheden vertegenwoordigd werden, en elke belangrijke gebeurtenis, elke tijding soms maanden lang reeds te Yokohama bekend was, wanneer die te Nagasaki pas aangebragt werd; de groote kennis van den geachten Heer van Polsbroek met de Japansche zeden en gebruiken, zijn openhartig en gul karakter, waren voor mij waarborgen, dat Nederland aan hem een waardig vertegenwoordiger zou hebben; zijne definitieve benoeming, op den 27 Junij uit Holland alhier aangekomen, deed dan ook over 't algemeen aan de Nederlandsche ingezetenen veel genoegen.

Gedurende ons verblijf te Nagasaki, 't welk door ambtsbezigheden en dienstbelangen van den waarnemenden Consul-Generaal, ruim drie weken aanhield, was het verspreiden van allerlei onrustbarende geruchten ook hier aan de orde van den dag. Op den 24 Junij had ik de eer, een officiëel bezoek met groote statie te ontvangen van den Gouverneur van Nagasaki, met een gevolg van wel vijftig aanzienlijke Japanners, in prachtige overdekte en met vlaggen versierde booten, aan boord komende; dat bezoek duurde wel drie uren. Champagne, thee en likeuren genoten zijnde, wenschte Zijne Excellentie de exercitie met het geschut en het gereed maken tot een gevecht bij te wonen, waarover Z. Exc. zijne goedkeuring en bewondering te kennen gaf. Ik maakte van de gelegenheid gebruik, om Z. Exc. voorloopig kennis te geven, dat ik hoopte den 9 Julij naar Yokohama te vertrekken, en alsdan Z. Exc. welwillende assistentie zou vragen tot bekoming van een goeden loods voor het vaarwater der straat van Simonoseki. Eenige dagen later kwamen eenige officieren van den landsheer van Nagato aan boord, voorgevende discipelen van het voormalig Nederlandsch detachement geweest te zijn, waarom zij een bezoek bragten aan de officieren der *Medusa*, en het schip binnen boord bezigtigden.

Tijdingen van Yokohama ontvangen, waren zeer onrustbarend. H. B. M. stoomfregat *Leopard* was ter bescherming der Britsche onderdanen alhier gezonden; kort daarop, den 28 Junij, arriveerde van Yokohama het Engelsche stoomfregat *the Centaur*, bestemd naar Shang-hai in China, om aldaar een regement Engelsche soldaten in te schepen en naar Yokohama over te voeren; waarmede het berigt kwam, dat de Engelsche Admiraal besloten had, den 29 Junij met de vijandelijkheden een aanvang te zullen maken.

De oudste kommandant, de Kapitein ter zee Charles Leckie, die bevel voerde op het fregat *the Leopard*, noodigde mij uit tot het houden eener conferentie, ten einde met den kommandant van

the Rattler maatregelen te nemen ter verdediging en bescherming onzer landgenooten
en verdere Europeanen bij een eventuëlen
algemeenen aanval der Japanners; in deze conferentie werd besloten onmiddellijk stoom op
te maken en met opgebankte vuren ons voor
het gevecht gereed te houden tegen de batterijen
die in de baai waren opgerigt; wij bepaalden de
noodige nachtseinen in geval van alarm, terwijl
gedurende den nacht een detachement onzer
respectieve bodems op Decima en Ora (1), elk onder
bevel van een officier, zouden wacht houden. De
Europesche ambtenaren, in dienst der Japansche
regering, werden door den Gouverneur van Nagasaki uitgenoodigd, zich voorloopig naar Shang-hai
te begeven, tot nader over hen beschikt zou worden;
terwijl genoemde Gouverneur officiëel beloofde, bij
het uitbreken van den oorlog, 24 uren te voren eene
waarschuwing te geven, opdat de vreemdelingen in
tijds zich zouden kunnen inschepen en vertrekken.

De hitte, vooral aan boord der schepen, was
bijna ondragelijk in dit zomersaizoen, en werd
niet weinig vermeerderd door het aanhouden der
vuren onder de stoomketels.

De Russische oorlogsschepen verlieten allen de

---

(1) *Ora* is een geheel nieuw kwartier beoosten Nagasaki,
langs den waterkant gebouwd. Weldra zal het eene stad
zijn. Engelsche en Amerikaansche Consuls en kooplieden hebben hier hunne smaakvolle woningen. *Decima* is niet zoo
als voorheen alleen door Nederlanders bewoond, Pruissische
en Engelsche onderdanen zijn er ook gevestigd.

baai, en begaven zich naar Hakodadi, de noor-
delijkste der geopende havens.

Het aan boord uitbreken eener vrij ernstige
oogziekte in deze hitte, waardoor onze eenige
Officier van gezondheid, Dr. Hommel, ook werd
aangetast, deed mij zeer verlangen, dat spoedig
het een of ander beslist mogt worden, ten einde
in geval van oorlog de batterij goed te kunnen
bemand houden, of in geval van vrede spoedig
deze baai te kunnen verlaten; deze onzekere
toestand duurde bijna veertien dagen, toen er op
den 8 Julij tijding kwam van Yokohama, inhoudende, dat de Japansche regering de door
Engeland geëischte som betaald had, en dus de
diplomatieke onderhandelingen met Engeland
weder aangeknoopt had.

De vreugde hierover was vooral groot bij de
Engelsche en Japansche kooplieden van Nagasaki,
en alles veranderde nu als met een tooverslag.

De Consul-Generaal, zijne tegenwoordigheid
nu te Yokohama dringend noodig achtende,
besloot ten spoedigste met de *Medusa* derwaarts
overgevoerd te worden, en droeg, voor het geval van vernieuwde onzekerheid omtrent de bedoelingen der Japanners, de bescherming der
Nederlandsche onderdanen van Decima op aan
den bevelhebber der alhier gestationneerde Engelsche zeemagt; zoodat ik — na afscheid genomen
te hebben van den Gouverneur van Nagasaki, die
mij van een goeden loods voor de binnenzee
voorzien had, en mij op nieuw de verzekering

gaf der meest vredelievende gezindheid van Japan, vooral ten opzigte der Nederlanders, — op den 9 Julij, 's namiddags, met den Consul-Generaal van Polsbroek aan boord, de baai uit-stoomde, en met kracht van zeil en stoom nog den avond van dien dag de straat van Firando bereikte en aldaar ankerde in de baai van Kawats.

Naauwelijks buiten de baai van Nagasaki zijnde, ontmoetten wij een klein stoomvaartuig onder de Fransche vlag, de *Kien-chan;* dit vaartuig was door den Franschen Schout-bij-Nacht Jaurès in China aangekocht, en hoewel ongewapend, onder bevel gesteld van een Fransch zee-officier, Mr. Lafond, tot het verrigten van verschillende diensten.

Ontwarende dat de *Kien-chan* stopte en eene sloep gereed maakte, draaide ik onmiddellijk bij en wachtte de sloep in, waarmede de Luitenant ter zee 1ste kl. Lafond aan boord kwam, en mij verzocht zijne depêches voor zijn Schout-bij-Nacht te Yokohama mede te nemen, mij tevens met groote verontwaardiging over de Japanners, mededeelende, dat eenige Japansche batterijen met zwaar geschut op zijn kleinen bodem hadden gevuurd in de straat van Simonoseki, en dat het aan de snelheid van de *Kien-chan* te danken was, dat hij niet in den grond geboord was ge-worden, hebbende 12 kogels het vaartuig ge-troffen, gelukkig zonder iemand te dooden of te kwetsen.

Van hoeveel gewigt mij deze tijding ook was,

zeide ik hem, dat ik niet geloofde, dat zij op
een goed gewapend oorlogsschip zouden durven
vuren, en dat ik bovendien geene de minste
geldige reden wist, om niet mijn koers te
vervolgen naar de binnenzee, hetgeen hij met
mij eens was, te meer wegens de eeuwenlange
goede verstandhouding tusschen Nederland en
Japan bestaande. Daarop liet ik den eersten officier, den Luitenant ter zee 1ste klasse de Hart,
in de kajuit ontbieden, deelde hem een en ander
mede, en verklaarde in zijne tegenwoordigheid
den Consul-Generaal van Polsbroek, dat ik, verpligt zijnde met hem in zoodanige zaken in overleg te handelen, Z.W.Ed.G. officiëel kennis moest
geven van mijn voornemen om door de straat van
Simonoseki de binnenzee in te varen, alsmede
van de mogelijkheid, al ware het nog zoo on-
waarschijnlijk, dat er op de *Medusa* gevuurd
zou worden, in welk geval ik voor de eer van onze
vlag dien doortogt zou moeten forceren.

De Heer van Polsbroek meende, dat er geene
de minste waarschijnlijkheid bestond, dat Japansche batterijen op een Nederlandsch oorlogsschip zouden vuren, en geloofde ook, dat wij
geene redenen hadden, welke eenig openlijk
mistrouwen ten aanzien van Japan dienaangaande
konden wettigen, en beäamde ten volle mijne
zienswijze, namelijk dat het veranderen van den
bepaalden koers, op het ontvangen van eene be-
vestiging, dat Japanners op ongewapende vaar-

tuigen hadden gevuurd, voor een oorlogsschip eener zoo bevriende Mogendheid als Nederland van Japan is, bepaald onverantwoordelijk was.

Gedurende den nacht in dikke duisternis en stortregens in de baai van Kawats gelegen hebbende, vervolgde de *Medusa* met het aanbreken van den dag de reis door de zoo heerlijk schoone straat van Firando, en verder tusschen de fraaije en begroeide hooge eilanden en kale rotsen doorzeilende, bereikten wij met zonsondergang het eiland Aï-sima, waaronder wij ten anker kwamen, om met den dag door de straat van Simonoseki op het gunstigst oogenblik van het getij door te stoomen, van den ingang van welke straat wij nog ruim drie Duitsche mijlen verwijderd waren.

De frissche lucht, welke wij deze twee dagen genoten, na zoo lang in die warmte van de Nagasaki-baai gelegen te hebben, had het aantal ooglijders dadelijk verminderd, zoodat er nog slechts 25 met die kwaal onder geneeskundige behandeling van onzen verdienstelijken Dr. Hommel waren, die zelf ook nog daaraan lijdende was.

's Morgens ten 4 ure ligtten wij het anker, en stoomden benoorden het eiland Siro-sima naar den noordhoek van Moïtsode, — dezen gerond hebbende, stuurden wij evenwijdig aan de kust van Hime-sima naar de straat. Ten 6 ure werden er twee schoten zonder scherp gelost van eene batterij op Hime-sima, waarschijnlijk seinschoten om de

autoriteiten van Simonoseki het binnenkomen van
eenig oorlogsschip te verkondigen, zoo als zulks
in Nagasaki ook het gebruik is. Hoewel de Consul-
Generaal met mij in het stellige denkbeeld verkeerde, dat de rustige bewoners van Simonoseki,
die ons eene maand geleden ongemoeid hadden
laten voorbij stoomen, zulks nu ook wel doen
zouden, liet ik niettemin alarm slaan, en dus
alles in gereedheid brengen tot het gevecht, en
de vlag hijschen.

Alles gereed zijnde, heerschte er eene plegtige
stilte binnen boord; het was hoog water, evenwel
de ebbe reeds aan het doorkomen, zoodat wij
het in den stroom hadden; den zuidpunt van Hime-
sima rondstoomende, kregen wij de stad Simonoseki in 't gezigt, en zagen twee vaartuigen, eene
brik en eene bark, voor de stad ten anker, welke
de Consul-Generaal herkende als koopvaarders
door Japan aangekocht van Engelsche kooplieden
en naderhand met zwaar geschut gewapend;
van de brik vielen zeven à acht losse schoten,
waarop ik onmiddellijk order gaf, om, in geval er met scherp gevuurd werd, zulks dadelijk met de volle laag van onze zijde te beantwoorden.

Tot ons aller verwondering dwars van de stad
zijnde, opende eene groote batterij van 8 stukken
zwaar geschut, aan de westkust der stad gelegen,
te gelijk met de twee schepen, een vuur met
kogels en granaten op ons.

Dat wij dit onmiddellijk en met succes beantwoordden, zoodat de schepen vreesselijk gcha-
vend werden, behoeft geen twijfel, zijnde de afstand tusschen ons en de schepen naauwelijks
2$^{1}/_{2}$ kabellengte of ruim 600 Ned. ellen. Ik liet
toen op de schepen aan sturen, om die in den
grond te boren of te enteren, doch bemerkte
in eens van 6$^{1}/_{2}$ vaâm diepte op 3$^{1}/_{4}$ te komen;
de Japansche loods, hoewel geheel onthutst en
vol van schrik, wenkte mij onmiddellijk af te
houden, aangezien het schip anders aan den grond
zou geraken; op dit oogenblik begonnen twee
andere batterijen haar vuur op de *Medusa* te
openen; deze lagen aan den oostelijken kant der
stad, naar gissing op 20 el hoogte. Ik gaf
toen order het vuur bepaaldelijk te rigten op
die groote batterij, aan den westkant der stad gelegen, waarvan de kogels den romp begonnen
te doorboren, en moest dus het voornemen om die
twee schepen in den grond te boren, opgeven.
Het was nu een hagchelijk oogenblik; zoo die
ééne batterij niet spoedig tot zwijgen werd gebragt, ware de *Medusa* verloren geweest: een
enkel schot had de schroef kunnen onbruikbaar
maken of de stoomketels treffen, en het schip zou
onhandelbaar in de manoeuvre zijn geworden, of
welligt op eene droogte geraakt, als schijf gediend
hebben voor zooveel vijandelijk geschut, in welker
kruisvuur wij ons bevonden. Het mag dus wel
gelukkig genoemd worden, dat mijne brave

bemanning, onder de leiding van hunne bedaarde en beleidvolle officieren en adelborsten, die batterij tot zwijgen bragten.

Den eersten officier, den Luitenant ter zee 1ste kl. J. J. de Hart, had ik verzocht zich in de kuilbatterij op te houden, alwaar zijne tegenwoordigheid zeer noodig kon zijn tot het voorkomen van wanorde, vooral bij het vallen van manschappen, en omdat het er zoo op aankwam mijne bevelen aldaar stiptelijk te laten uitvoeren. Ik liet den Luitenant ter zee 2de kl. P. Wittop Koning op het dek komen, belastte hem met het vuur der veldstukken, die op het dek in batterij waren gebragt, opdat, indien ik kwam te vallen, er onmiddellijk een officier op het dek zou zijn, die zich alsdan met de besturing van het schip kon belasten.

De stroom, dien wij tegen hadden, was intusschen hand over hand toegenomen, en ik bemerkte tot mijne niet geringe verlegenheid, dat het schip met volle kracht stoomende bijna niet vorderde; op dat oogenblik kreeg ik rapport van den eersten officier, dat er drie man van de divisie van den Luitenant Thurkow gesneuveld waren, en het getal gekwetsten begon toe te nemen, en sprong een granaat van den vijand op de hoogte der valreep, waarbij de matroos 1ste klasse Cornelis, die als kommandeur een veldstuk in de valreep bediende, doodelijk werd getroffen. Bij dit stuk was de Consul-Generaal ook bijna getroffen,

die op dat oogenblik zich op het halfdek niet
ver van de valreep bevond.

Het was in dit verschrikkelijk oogenblik, toen
het vreesselijk huilen en sissen van kogels en granaten van zooveel vuurmonden, die hoe langer
hoe juister de *Medusa* begonnen te treffen, alle
verbeelding te boven-ging, dat er op twee plaatsen brand aan boord ontstond door de brand-
granaten des vijands, waarvan er een het schip
doorboorde en in de hut der machinisten sprong;
deze brand werd echter door de vlugge maatregelen
van den eersten machinist spoedig gebluscht;
het was toen dat ik mij afvroeg, of het geen zaak
ware voor den stroom weg terug te keeren, om
met het volgende getij, namelijk met den stroom
mede dezen gevaarlijken doortogt op nieuw te be-
proeven. De eerste machinist Philipse, die in
koenheid en moed uitmuntte, rapporteerde mij,
dat hij niet meer dan 8 pond stoom kon ophouden wegens de slechte soort van Japansche
steenkolen, waarmede, met Engelsche vermengd,
gestookt werd. Ik gaf hem order met den meesten
spoed Engelsche kolen uit het achterruim te doen
ophalen, en die over de vuren te werpen, aan
welke orde deze flinke jonge mensch met zooveel
beradenheid en activiteit voldeed, dat het niet
lang duurde, of ik had het geluk te vernemen, dat de stoom tot 12 à 13 pond was opge-
klommen.

Vóór dat dit gunstig resultaat was verkregen,

had ik mij in de kuilbatterij begeven, om door
mijne tegenwoordigheid de bemanning moed en
volharding te doen behouden, en mogt ik tot mijn
groot genoegen den flinken geest opmerken, die er
door de officieren werd onderhouden; en het
vlug en goed bedienen van het geschut gade
slaande, niettegenstaande het toen onophoudelijk
rondvliegen van houten en ijzeren splinters, door
's vijands projectielen veroorzaakt, door welke
laatste soort van splinters de adelborst Wissel
en ik ligtelijk gewond raakten, besloot ik het
eens genomen voornemen door te zetten, van al
vurende den doortogt naar de binnenzee te forceren, en begaf mij onmiddellijk weêr op het dek,
alwaar de Luitenant Wittop Koning met denzelfden
moed en hetzelfde mannelijk beleid zich deed kennen, waardoor zich zijne kamaraden in de kuilbatterij, Wolterbeek Muller en Thurkow, onder
de leiding van den eersten officier zoo bijzonder onderscheidden; en wanneer ik hier alleen
van de officieren spreek, is het niet om het gedrag der flinke adelborsten, dat alle vermelding
verdiende, over het hoofd te zien. Ik besloot te
meer het eens genomen plan door te zetten, omdat ik vreesde voor het bederven van den goeden
geest binnen boord, en den nadeeligen indruk,
die door het tijdelijk terugkeeren van de *Medusa*
zou worden te weeg gebragt.

Ik vernam weldra, dat wij reeds 12 pond stoom
hadden, zoodat de *Medusa* nu den toenemenden

stroom gelukkig nog kon overwinnen, en al vurende de batterijen passeerde, die, naarmate wij
de straat doorstoomden, achter geboomten en
rotsen haar vuur op ons openden, zoodat wij door
zeven landbatterijen successivelijk werden beschoten, en een geruimen tijd aan het kruisvuur
van drie batterijen, behalve het vuur der schepen (dat evenwel spoedig verzwakte), waren blootgesteld geweest; het was half negen ure, toen wij
de laatste schoten beantwoordden, en de vijand
ophield met vuren. Het schip heeft dus nagenoeg
anderhalf uur noodig gehad, om, tegen den
sterken stroom opstoomende en zwaar beschoten
wordende, met Gods hulp behouden de binnenzee
te bereiken; het is onbegrijpelijk en bijna als
een wonder te beschouwen, dat er zoo weinig
gesneuvelden en gewonden zijn gevallen bij dit
op zoo betrekkelijk korten afstand doorgestaan
batterijen vuur.

De gesneuvelden waren:

Matroos 1ste klasse A. Cornelis.
          //   3de   //   H. van Eeuwen.
          //   3de   //   T. A. de Koning.
          //   3de   //   J. Keijzer.

Ik liet daarop officieren en equipage op het dek
komen, ten einde hen allen geluk te wenschen
met den uitslag van dit gevecht, en mijne tevredenheid te betuigen over hun gehouden dapper en
manmoedig gedrag, met de verzekering, dat ik Zijne

Excellentie den Minister van Marine en den Schout-bij-Nacht May, bij de eerste gelegenheid rapport zou zenden van den uitmuntenden geest en de dapperheid, welke officieren, adelborsten, onderofficieren en manschappen in deze zoo gevaarvolle oogenblikken bezielde, en waardoor het den Almagtigen God behaagd had de *Medusa* voor een bijna wissen ondergang te behoeden. Dat zij allen er trotsch op mogten zijn de eer te hebben gehandhaafd van dien dierbaren grond onzer geboorte, voor welks behoud zooveel helden hun bloed deden stroomen, en dat zij er op konden rekenen, dat onze ridderlijke Koning dit hun schoon gedrag met vreugde zou vernemen en naar waarde beloonen.

De zoo verdienstelijke officier van gezondheid Hommel kreeg nu de handen vol; hij had zich gedurende het gevecht bijzonder onderscheiden in het spoedig verbinden der gewonden, hen zelfs in persoon de batterij helpende uitdragen, en hoewel er slechts zeven waren, waaronder drie zwaar gewond, was het voor onzen zoo ijverigen dokter, die zelf door eene oogziekte was aangetast, en geene hulp had, dan die van den uitmuntenden ouden ziekenoppasser Guijken, eene zware taak.

Een der zwaar gewonden, de inlandsche matroos Kerto Troeno, was getroffen door een eikenhouten splinter van eene halve el lengte, die dwars door beide de kaken heen aan weêrskanten van 't hoofd uitstak. Dank zij de goede zorgen

4

van onzen Dr. Hommel, is deze man, zoowel als de overige gewonden, geheel genezen.

Onder meerdere bijzonderheden behoort vermeld te worden de groote bedaardheid van mijn hofmeester de Wringer, die bij den aanvang van het gevecht den Consul-Generaal een kopje thee op het dek kwam aanbieden als of er niets gaande was, en zich daarna bijzonder onderscheidde met de kardoeshalers, (1) [waaronder er eenigen, is het wonder, wel eenigermate bevreesd begonnen te worden toen zij dooden en gewonden zagen vallen], aan te moedigen en met gevulde kardoeskokers naar hunne divisiën terug te doen keeren.

De Consul-Generaal achtte het met mij voorzigtiger, nu eenmaal in de binnenzee zijnde, door het Bungo-kanaal de reis naar Yokohama te vervolgen, aangezien de politieke gezindheid van Japan alsnu niet meer te verklaren was, en de togt naar het Kino-kanaal het schip op nieuw zou kunnen blootstellen aan vijandelijkheden der Japansche batterijen.

Het eerste werk, dat nu verrigt werd, was het in orde brengen van het gehavende tuig en het stoppen der gaten boven de waterlijn, zijnde de romp op 17 plaatsen doorboord; ik stoomde daarna naar het Bungo-kanaal, en liet de lijken

---

(1) De kardoeshaler is gewoonlijk een scheepsjongen, die belast is met het halen van kardoezen uit de kruidkamer, waarbij hij telkens heen en weêr door de batterij moet loopen.

der gesneuvelden in gereedheid brengen, om tegen zonsondergang met de gebruikelijke plegtigheid te worden over boord gezet.

Deze treurige plegtigheid, het over boord zetten van vier in hunne hangmatten genaaide en bebloede lijken van jonge menschen, die nog weinige uren te voren vrolijk met hunne kameraden omgegaan hadden, maakte een diepen indruk op ons allen, en werd voorafgegaan door een welgemeend gebed en dankzegging tot den Allerhoogste, die ons zoo wonderbaarlijk had gespaard.

Ik meen hier niet te mogen nalaten als mijne overtuiging uit te spreken, dat de oude geest onzer voorvaderen bij het Nederlandsche volk, in oogenblikken van groot gevaar, en waar het de eer onzer vlag geldt, nog niet is uitgedoofd; en mogt eenmaal onze Vaderlandsche bodem, door overmagt bedreigd, in gevaar komen, dan zullen er, even als van ouds, wonderen van dapperheid te voorschijn komen; wij zijn, God dank! als krijgshaftig volk bij geene natie der wereld ten achteren.

Het verdient opmerking, dat de Japanners, hoewel zeer bedreven in het behandelen van hun zwaar geschut, hierin nog achterstaan bij Europesche natiën, anders ware de *Medusa* stellig in den grond geboord geworden. Zij zullen niettemin weldra ook daarin snelle vorderingen maken, te meer daar het hun niet aan moed ontbreekt, om zich aan eenig vijandelijk vuur bloot te stellen.

Den 16 Julij zagen wij op de hoogte van kaap Idsu het Fransche Admiraalsschip *Semiramis* op ons afhouden, van welk fregat eene sloep met een officier op ons werd afgezonden, die in deze hooge zee op eenigen afstand van boord de depêches voor den Franschen Admiraal overnam. Ik deelde bij deze gelegenheid genoemden officier het gebeurde te Simonoseki mede, waarop hij mij antwoordde: dat de *Semiramis* en de *Tancrède* naar Simonoseki stevenden, om den hoon aan de Fransche vlag aangedaan, door het verraderlijk vuren op de ongewapende kleine *Kien-chan*, te wreken. Ik betreurde het zeer, dat mijn voorraad steenkolen bijna verbruikt was, waardoor mij de mogelijkheid ontbrak aan deze operatie deel te nemen, en arriveerde den 17 Julij ter reede van Yokohama.

Het is onmogelijk de sensatie te beschrijven, welke onze komst op de Engelsche vloot te weeg bragt, en de geestdrift, waarmede de *Medusa* door de Engelschen werd begroet; ook van den wal werd het schip als overstroomd door alle autoriteiten der verschillende Mogendheden, die hunne bewondering kwamen betuigen over den wonderbaarlijken afloop van ons gevecht.

Den Consul-Generaal met de gebruikelijke eerbewijzingen ontscheept hebbende, bragt ik een officiëel bezoek bij den Engelschen Admiraal, ten einde hem kennis te geven, dat ik hoopte binnen acht dagen weder gereed voor de dienst te zullen zijn, en dat, indien hij het noodig oordeelde, vier zijner schepen met de *Medusa* eene toereikende magt zouden uitmaken, om alle batterijen in de straat van Simonoseki te vernieti- gen, hetgeen Z. Excell. mij welwillend beloofde in overweging te zullen nemen.

Den 19en 's avonds kwam de Amerikaansche stoomkorvet *Wyoming* ter reede; na een half uur slaags te zijn geweest in de straat van Simonoseki, was dit schip genoodzaakt geweest terug te kee- ren, met een verlies van 5 dooden en 7 gekwetsten; het was deze stoomkorvet gelukt eene Japansche stoomboot door een schot in den stoomketel te doen zinken; zij had echter hare pogingen, om eenige daar ten anker liggende vaartuigen prijs te ma- ken, moeten opgeven, geraakte onder het vuur der batterijen aan den grond, kwam gelukkig weêr vlot, en was met eene tienmijlsvaart het vuur der batterijen ontkomen.

Den 20 Julij ontving ik het officiëel bezoek van den Minister van Frankrijk en van den Chargé d'affaires van Engeland, om ons geluk te wenschen met de behouden en roemrijke terug- komst van de *Medusa*.

Den 24 Julij kwam de Fransche Schout-bij- Nacht met de *Semiramis* ter reede; hij had 250 man Infanterie (*Chasseurs d'Afrique*) doen lan- den aan de noord-oostzijde der straat van Simo- noseki, aldaar eenige dorpen verbrand en eene batterij van vijf stukken vernageld, zijnde het fregat door haar vèr-dragend geschut, in staat geweest met veel succes den vijand te beschieten en afbreuk te doen, zonder onder het bereik van diens geschut te komen.

Ik begaf mij onmiddellijk aan boord van de *Semiramis*, om den Schout-bij-Nacht Jaurès, zoowel als den kommandant en de officieren van dien bodem met den afloop van hun wapenfeit geluk te wenschen.

Den 27 Julij was er door de representanten van Engeland, Frankrijk, de Vereenigde Staten en Nederland in conferentie besloten geworden, de bevelhebbers der alhier voorhanden zijnde scheepsmagten uit te noodigen, militaire maatregelen te nemen tot het heropenen van de straat van Simonoseki, en tevens den Taykoen aan te schrijven of Z. M. ook van voornemen was zulks zelve te doen; hierop volgde eene militaire conferentie aan boord van het Engelsche Admiraalsschip, waarbij ik officiëel werd uitgenoodigd, en waarin met meerderheid van stemmen besloten werd, het antwoord van den Taykoen af te wachten, aan wien het door de verschillende diplomaten der tractaat-mogendheden in keus gelaten was, zelf den vorst van Nagato te bestraffen en genoemde straat te heropenen, in welken zin de missive van de representanten der verschillende Mogendheden werd beantwoord. De Admiraals Kuper en Jaurès waren beiden van gedachte, dat,

aangezien de H.H. representanten overeengekomen waren, den Taykoen in deze zaak niet
voorbij te gaan, wij onmogelijk militaire maatregelen konden noch mogten nemen, alvorens de
Taykoen hieromtrent eene beslissing had genomen.

Bekend als ik was met de langwijligheid
van het Japansche gouvernement, begreep ik
toen al dadelijk, dat er van eene expeditie tegen
Simonoseki in langen tijd nog geene kwestie
zoude zijn, zoodat de vorst van Nagato de gelegenheid zoude hebben zijne batterijen te herstellen en misschien geducht te vermeerderen.

Den 30 Julij arriveerde het Amerikaansche
zeilfregat *Jamestown;* het getal der alhier ter reede
liggende oorlogsschepen nam steeds toe en werd
den 9 Augustus nog vermeerderd door de komst
van het Pruissisch fregat *Gazelle.*

Den 6 Augustus vertrokken van de reede de
Engelsche oorlogsschepen: *Euryalus, Pearl, Perseus, Argus, Race-horse, Coquette, Ringdove* en
een gunboat, allen onder bevel van den Admiraal
Kuper, met bestemming naar de baai van Kago-
sima, om den magtigen vorst van Satsuma door
eene militaire demonstratie te bewegen, de moordenaars van Mr. Richardson uit te leveren en
de noodige schadevergoeding te betalen.

Het is bekend hoe de Britsche zeemagt aldaar
met de batterijen van Kago-sima is slaags geraakt,
en onder welke moeijelijke omstandigheden het
Engelsche eskader, door een hevigen storm beloo-

pen, het vuur der geduchte batterijen met de meeste koelbloedigheid heeft beantwoord. De schepen kwamen dan ook den 22 Augustus, tamelijk gehavend, van dezen slag terug, met een verlies van 16 dooden en 47 gewonden, waarna nieuwe instructiën van Engeland inge-wacht werden, alvorens verder te handelen.

Intusschen werd op alle schepen voortgegaan met de manschappen dagelijks te oefenen, zoo-wel aan boord als aan land, in alle mogelijke exercitiën, en kreeg ik berigt, dat Z. M. schroef-stoomschip *Djambi* waarschijnlijk in November in de Japansche wateren zou aankomen.

In overleg met den Consul-Generaal huurde ik een gebouw in Yokohama, ter kasernering van 40 man mariniers en matrozen, die onder bevel van een Luitenant ter zee 2de klasse en twee adelborsten werden gesteld, die, voorzien van landingsgeschut, tevens bestemd waren bij eenen eventuëlen aanval zich bij de Franschen en Engelschen aan te sluiten.

Yokohama was nu zooveel mogelijk in staat van verdediging gesteld, en leverde den Japan-ners het schouwspel op van eene militaire drukte, veroorzaakt door Engelsche, Fransche, Pruissi-sche en Nederlandsche soldaten en matrozen; terwijl een getal van ongeveer 24 oorlogsschepen van verschillende natiën alhier ter reede, hen moest overtuigen, dat het den Mogendheden ernst was het eens gesloten tractaat met Japan met kracht te handhaven.

Dit belette evenwel niet, dat er op den 13 October op nieuw een van die verschrikkelijke moorden gepleegd werd, waarvan Japan vroeger reeds menigmaal het ijzingwekkend schouwspel heeft geleverd.

Ik bevond mij 's namiddags wandelende in de straten van Yokohama, toen ik den Consul van Pruissen, den Heer von Brandt, ontmoette, die zeer ontsteld mij toeriep: *"*er ligt in de om- *"*streken een officier of soldaat door Japanners *"*ter neêr gesabeld; laat ons spoedig te paard stijgen en er heen gaan. *"*

Hier en daar waren reeds eenige Europesche Heeren te paard galopperende, en toen ik op-gestegen was, volgde ik de Engelsche *legation-guards*, die ook in vollen draf, onder aanvoering van hun Luitenant Applin, de stad uitreden.

Op een groot half uur gaans van de stad vonden wij het vreeselijk verminkte lijk van den Franschen Luitenant Camus op den weg liggen; alles toonde aan dat hij verraderlijk van achteren was aangevallen, en de moordenaars, na met één houw zijn regterarm afgehouwen te hebben, ter-wijl hij te paard zat, hem verder hadden afge-maakt, zoodat hij bijna onkenbaar was. Met diepen weemoed vervuld, volgde een vijftigtal Heeren, allen te paard naar de plaats des on-heils gesneld, van allerlei natiën, allen inwoners van Yokohama, de bebloede draagbaar, die overdekt en door eenige Fransche soldaten gedragen, in het gebouw der Fransche legatie werd nedergezet.

De Luitenant Camus behoorde tot de onlangs te Yokohama ontscheepte *Chasseurs d'Afrique*, was 26 jaren oud en algemeen geacht; hij had de gewoonte dagelijks een wandelrid te doen in de schoone omstreken, en deed zulks altijd ongewapend, hetgeen waarschijnlijk door de moordenaars is opgemerkt geworden, die hem dagelijks hadden zien rijden. Volgens een Japansch meisje van 10 à 12 jaren, dat den moord van achter eenige boomen gezien had, waren het twee welgekleede Japanners geweest, die hem beleefd gegroet hadden, en toen hij hen voorbij was, hem in den rug waren aangevallen. De opgewondenheid der Fransche soldaten was zoo groot, dat de Chef de bataillon, Luitenant-Kolonel de Meusiau, hen voorloopig in de kazerne consigneerde ter voorkoming van eene bloedige wraak op de Japansche bevolking.

De vertoogen door den Franschen Minister bij de Japansche regering ingebragt over dezen moord, hadden, zoo als gewoonlijk, geen ander gevolg dan betuigingen van leedwezen, en de moordenaars zouden uitgeleverd worden, maar werden ongelukkigerwijs nimmer gevonden. De Japansche regering schijnt later toch ongerust geworden te zijn over den indruk, dien deze moord, op een Fransch officier gepleegd, op Keizer Napoleon zou maken, en besloot een gezantschap

naar Parijs te zenden, om namens den Taykoen
Z. M. den Keizer der Franschen officiëel hun
leed hierover te betuigen.

Den 15 October, 's namiddags ten 4 ure, had
de plegtige ter aarde bestelling van dit nieuwe
slagtoffer van den Japanschen haat tegen de
Europeanen plaats; alle officieren en soldaten
van de verschillende natiën in groot uniform,
de leden van het corps diplomatique en de
Admiraals, alsmede detachementen matrozen der
verschillende oorlogsbodems vergezelden in stati-
gen optogt het lijk van den diepbetreurden Camus.
Ter begraafplaats gekomen, hield een getrouwe
vriend van den overledene, ook een jeugdig
Fransch officier, eene treffende toespraak; nimmer heb ik eenige lijkrede gehoord, waarin op-
regte hartelijke vriendschap en innig gevoelde
rouw des harten zoo doorstraalde als in deze
korte, krachtige bewoordingen, die menigen
omstander een traan in de oogen deed komen.
Weinige dagen na dit gebeurde, meldde mij de
Consul-Generaal van Polsbroek, dat Z.W.Ed.G.
met den Amerikaanschen Minister en mij officiëel uitgenoodigd waren, den 26 October te
Yeddo eene conferentie met de Gorogio te
houden.

De Amerikaansche Minister, Generaal Pruijn,
en onze Consul-Generaal van Polsbroek aan boord
gekomen zijnde, stoomden wij met de *Medusa*
naar de reede van Yeddo. Aldaar aangekomen

liet ik scherpe patronen uitdeelen, en ons, aan
wal komende, door een detachement gewapende
mariniers en matrozen, onder bevel van een
officier en twee adelborsten, vergezellen, die
gedurende de conferentie, ter onzer onmiddellijke
beschikking, de wacht hielden vóór het gebouw,
waar de Gorogio vergaderd was. Wij verwacht-
ten wel geene vijandige bejegening, doch zoodanig militair vertoon behoorde bij de waardigheid der beide diplomaten te worden in acht
genomen, en bewees den Japanners tevens, dat,
in geval van verraad, wij bereid waren te midden
hunner groote overmagt hen onmiddellijk nader
kennis te laten maken met onze bajonnetten,
en het leven van eenige honderde Japanners er
door op het spel stond.

Na de gebruikelijke beleefdheidsvragen en antwoorden, en een ons aangeboden Japansch maal
genuttigd te hebben, waarmede ongeveer een
uur verloren ging, begon de tolk der Gorogio
in het Hollandsch de groote ongerustheid af te
schilderen, waarin het Japansche Rijk verkeerde,
en de steeds toenemende armoede der mindere
klasse in de binnenlanden, voor welke de dage-
lijksche levensbehoeften bijna te duur begonnen
te worden, en eindigde met de verklaring, dat
zij, de Ministers namelijk, dien onhoudbaren
toestand van Japan toeschreven aan het toelaten
der vreemdelingen in Japan in 't algemeen,
doch bijzonder aan het verblijf en het steeds

toenemen van zooveel Europeanen en Amerikanen
in de nabijheid van Yeddo, en wel bepaaldelijk
te Yokohama. Dat zij dientengevolge, op last
van den Taykoen, te rade waren gegaan wat
daaraan te doen zou zijn, en hadden besloten,
alvorens eenigen maatregel aan de representanten
van alle Mogendheden ten behoeve van Japan
voor te stellen, den representanten van Nederland
en Amerika om raad te vragen, die zij als de
oudste vrienden van Japan beschouwden. Dat zij
verder van meening waren, dat het eenig afdoend
middel om de rust in Japan te herstellen, bestond in het sluiten van Yokohama voor den
Europeschen handel, en de vreemdelingen alleen
te Nagasaki en Hakodadi te doen verblijven. Dat
het met de Mogendheden gesloten tractaat meer
een verbond van vriendschap, dan wel van
handel was, en door Japan werd beschouwd als
eene proeve om tot handeldrijven met de vreemdelingen te geraken; die proeve was nu niet gelukkig uitgevallen, en zou voortgezet kunnen
worden alleen te Nagasaki en te Hakodadi.

Hierop verklaarde de Heer de Graeff van
Polsbroek en de Generaal Pruijn, dat zij zoodanige
gewigtige mededeeling niet alleen, bij afwezigheid
der Ministers van de andere Mogendheden, niet
wilden aanhooren, doch het als eene beleediging
voor Nederland en Amerika beschouwden, hen
in hun officiëel karakter daarvoor in conferentie
uit te noodigen; weshalve zij verzochten onmiddel-

lijk de conferentie te schorsen, en verklaarden, dat zij de gezanten der overige Mogendheden te Yokohama ten spoedigste zouden verwittigen van het verhandelde. Dit door den tolk overgebragt zijnde, ontstond er eene zigtbare sensatie bij de Japansche Excellenties, en werd ons door den tolk allerbeleefdst verschooning gevraagd, en verzekerd, dat zij niet begrijpen konden waarom zulks beleedigend kon zijn; maar aangezien zulks zoo voorkwam, waarover zij hun leedwezen betuigden, zouden zij hetzelfde voorstel in eene volgende conferentie herhalen, waarbij de gezanten van alle tractaat-mogendheden zouden worden uitgenoodigd. De Nederlandsche Consul-Generaal en de Amerikaansche Minister zeiden een blijk van bijzondere genegenheid aan de Japansche regering te willen geven, door de conferentie nog niet te verlaten, en begonnen toen eenige vragen tot de Ministers te rigten, onder anderen ook omtrent de bestraffing van den vorst van Nagato, welke laatste ontwijkend werd beantwoord, waarna de conferentie afgeloopen zijnde, wij weder naar boord gingen, en onmiddellijk naar de reede van Yokohama terugkeerden.

Den 27 October werden de Fransche en Engelsche gezanten, benevens de Nederlandsche en Amerikaansche, op nieuw tot het bijwonen eener conferentie met de Gorogio te Yeddo uitgenoodigd.

De Europesche en Amerikaansche diplomaten,

onderrigt zijnde, dat die conferentie ten' doel had
Yokohama voor den handel te sluiten, antwoord-
den: dat zij omtrent zoodanig voorstel met de Japansche regering niet mogten confereren; dat zij
zich bepalen zouden er kennis van te geven aan
hunne respectieve gouvernementen.

Eenige dagen later ontvingen de Engelsche
en Fransche Vlootvoogden, die zich met de
verdediging van Yokohama hadden belast, een
officieël schrijven van de Gouverneurs van Yokohama, dat, aangezien de vriendschappelijke be-
trekkingen met de Europesche Mogendheden hoe
langer hoe uitgebreider werden, zij besloten
hadden ter bescherming van de vreemdelingen
mede te werken, door eene nieuwe batterij op te
rigten nabij Benten (Nederlandsch Consulaat-
Generaal).

De Admiraals, de plaats in oogenschouw
nemende, alwaar dat fort zou gebouwd worden,
bemerkten al dadelijk, `dat van die plaats de
geheele reede door het Japansche geschut bestre-
ken werd, zoodat bij het eventuëel uitbreken
van een oorlog, zoodanige batterij uitstekende
diensten aan de Japanners zou verleenen, door
de koopvaardijschepen er mede van de reede
te weren, en bepaald met geen ander doel
kon opgesteld worden; waarom de Admiraals
lieten antwoorden, dat de Japansche Gouverneurs, naar aanleiding van de hun door de
Gorogio opgedragen taak, om Yokohama in staat

van verdediging te brengen, werden verzocht onmiddellijk de aangevangen werkzaamheden tot oprigting van de bedoelde batterij te staken, zoo niet, dan zouden de Engelsche en Fransche soldaten het terrein daarvoor uitgekozen, geheel bezetten. Deze bedreiging deed de Japanners inzien, dat zij met die barbaren zoo maar niet doen konden wat zij wilden, zoodat, om hun doel te bereiken, namelijk het ver·wijderen dier barbaren, zij nu alle pogingen lieten rusten, en zouden overgaan om op nieuw een gezantschap naar Europa te zenden, ten einde langs dien weg het sluiten van Yokohama gedaan te krijgen; zij herinnerden zich met hoeveel succes een vroeger gezantschap bij de hoven der verschillende tractaat-mogendheden bekroond was geworden, en zouden zich het eerst naar Parijs begeven, alwaar, zoo als vroeger vermeld is, zij tevens den Keizer hun leed zouden betuigen over den moord gepleegd op den Franschen officier Camus.

De *Djambi* te Nagasaki aangekomen zijnde, verliet ik den 4 November de reede, om mij derwaarts te begeven; arriveerde na veel stormweêr doorgestaan te hebben den 11en te Nagasaki, alwaar het stations-kommandement door mij aan den Kapitein-Luitenant ter zee P. A. van Rees, kommandant der *Djambi*, werd overgegeven, die kort daarop met de *Djambi* naar Yokohama vertrok, alwaar de Stations-kommandant, volgens zijne instructie, zich gewoonlijk moet bevinden. Het Engelsche oorlogsstoomfregat *the Leopard* en de stoomkorvet *the Rattler*, benevens een aantal koop- vaarders van verschillende natiën, lagen met de *Medusa*, in deze rustige, door schilderachtige ber- gen en dalen omgeven baai, en veroorzaakten eene zekere beweging van sloepen en vaartuigen, die het eentoonige dezer stille ankerplaats deed vergeten.

Voor mij persoonlijk was de overgang van het dagelijksch omgaan met zooveel verschillende mili- taire en civiele autoriteiten te Yokohama, het bijwonen van conferentiën, het met elke mail opzenden van rapporten, enz. enz., in eens tot het eenvoudig bestaan van een kommandant, die met geene andere zaken, dan met die van zijn onderhebbend schip te doen heeft, zeer groot. Was deze verandering mij niet zeer aangenaam, de menschelijke geest is nog al buigzaam, en ik maakte mij spoedig dezen verander- den toestand eigen, waartoe de allervriende- lijkste bejegening van onzen geachten Consul A. Bauduin en diens broeder, den zoo verdienste- lijken Officier van gezondheid 1ste kl. Bauduin, op Decima woonachtig, voorzeker veel toebragt.

Den 10 December ontving ik de officiële tijding, dat het Z. M. behaagd had mij te benoemen tot Rid- der der Militaire Willemsorde 4de klasse; deze be- noeming, onder het houden van parade bekend makende aan de Etat-major en bemanning, ver- oorzaakte eene groote vreugde bij allen, die

daaruit al dadelijk 's Konings ingenomenheid met
ons wapenfeit afleidden; terwijl die vreugde
tot geestdrift werd opgevoerd, toen ik bij diezelfde gelegenheid de schoone dagorder voorlas,
welke mij door onzen waardigen Schout-bij-Nacht
May, Kommandant en Inspecteur der Marine, was
opgezonden. Deze dagorder, benevens het daarop
gevolgde Koninklijk besluit van den 6 Februarij
1864, zijn hierachter in de bijlagen medegedeeld.

Het heerlijke wintersaizoen, dat wij in de
schoone baai van Nagasaki doorbragten, gaf mij
gelegenheid, de bemanning van mijnen bodem
aanhoudend bezig te houden met militaire wandelingen, schijfschieten, met geschut- en geweren-
exercitie, met gewapende sloepen, in één woord,
alle mogelijke en denkbare oefeningen, gedaan
onder de leiding van eene uitmuntende Etat-major,
waren nu onophoudelijk aan de orde van den
dag. Elk officier besefte met mij hoe noodzakelijk het was eene flinke en gezonde bemanning steeds onledig te houden, ten einde
den goeden geest, die er heerschte, in stand
te doen blijven. In het warme Oost-Indië is de
geestkracht der equipage gewoonlijk zoo ver-
lamd door de hitte en het eigenaardig onge-
riefelijk bestaan aan boord, dat men met eenige
weinige exercitiën in den vroegen morgen of
tegen zonsondergang het volk genoeg vermoeit,
om er geen last van te krijgen; doch om in een
koel en gezond klimaat eene gezonde, flinke equi-

page, die reeds goed geoefend is, en liggende in de stille baai van Nagasaki, steeds afleiding te geven en behoorlijk te drillen, is meer noodig dan menigeen wel zou denken.

Den 30 Januarij werden wij vereerd met een officiëel bezoek van den waarnemenden Gouverneur van Nagasaki, den Prins van Omoera, een hoogst beschaafd man, die naar 't mij voorkwam zeer verlangde, dat Japan haar eigen voordeel en belang begrijpen mogt, door met de Westersche Mogendheden een vrij verkeer en meer uitgebreiden handel te onderhouden; behalve door een aanzienlijk groot gevolg, was hij ook vergezeld door den Admiraal Kats Lentaro no Kami, die met de meeste belangstelling naar de Heeren officieren van het Nederlandsche detachement informeerde, van welke hij de gronden der zeevaartkunde geleerd had; als een bewijs hoe hij zich die lessen ten nutte gemaakt heeft, behoeft er slechts op gewezen te worden, dat hij het bevel voerde over een schip, geheel bemand met Japanners, waarmede hij naar Amerika en terug is gezeild, terwijl hij zich nu steeds onledig hield met jonge Japanners te onderwijzen in Marine- en Artillerie-zaken, waarbij hij van Hollandsche boeken gebruik maakte.

's Konings verjaardag werd den 19 Februarij op de gebruikelijke wijze feestelijk gevierd, en er viel op den middag, zoowel van het Engelsche fregat *Leopard* als van het Pruissische oorlogsfregat *Gazelle*, tegelijk met ons salut, een salut van 21 kanonschoten, met de Hollandsche vlag geheschen van den grooten top. Een luisterrijk diner bij den Consul der Nederlanden, den Heer A. Bauduin, en eene tooneelvoorstelling aan boord van de *Medusa*, eindigden dezen voor alle Nederlanders zoo aangenamen dag.

Den 25 Februarij arriveerde met het Engelsche oorlogsstoomschip *Argus*, Z. Excell. Sir Rutherford Alcock, gevolmagtigd Minister van Groot-Brittanje in Japan, met bevelen van zijn Gouvernement, om de straat van Simonoseki door geweld te openen.

Deze komst veroorzaakte eene groote sensatie, vooral op de oorlogsschepen, die met verlangen het oogenblik verbeidden, om hunne geoefendheid in de behandeling van het geschut en de vuurwapenen in praktijk te mogen brengen. Ik bragt den Engelschen Minister onmiddellijk een bezoek, en werd door Z. Exc. allervriendelijkst ontvangen; vooral deed mij zijn gezegde veel genoegen, dat hij het gevecht van 11 Julij 1863, van de *Medusa* alleen, bijzonder goedkeurde en bewonderd had; te meer verheugde het mij zulks uit den mond van dezen kundigen staatsman te vernemen, omdat er in Nederland zich noemende deskundigen gevonden werden, die eene zekere blaam op deze gevaarlijke onderneming wierpen, waarbij de eer van Nederland altijd gehandhaafd zou gebleven zijn , ook al ware de *Me-dusa* in den grond geboord geworden , en niemand onzer er levend afgekomen , om de tijding er van over te brengen ; bij onze marine zoowel als bij het leger , en hierop mag Nederland trotsch zijn , zien de kommanderende officieren op geene politieke gevolgen , wanneer de eer onzer dierbare drie-kleur op het spel staat. Wee het land , waar de officieren iets anders op het oog hebben , dan altijd bereid te zijn te sterven voor hunne vlag !

De Minister Alcock , mij een tegenbezoek bren-gende , nam de batterij der *Medusa* in oogen-schouw , en liet zich de plaatsen aanwijzen , waar de meeste vijandelijke kogels getroffen hadden , en herhaalde zijne tevredenheid over den geluk-kigen afloop van het gevecht ; den 27 Februarij vertrok Z. Exc. naar Yokohama.

Veel bijzonders viel er nu niet voor ; een of-ficiëel bezoek aan den Gouverneur van Naga-saki , groote militaire wandelingen over hooge bergen en door schilderachtige valleijen , ge-regelde wapenoefeningen — en zoo vloog de tijd daarhenen , totdat in het begin van Mei de *Djambi* met den Consul-Generaal de Graeff van Polsbroek van Yokohama arriveerde , en de *Medusa* op den 7 Mei op nieuw de reis naar Yokohama aan-ving ; maar ditmaal niet , zoo als in 1863 , door de straat van Simonoseki , doch door de straat van Diemen , bezuiden Japan om.

De Kapitein-Luitenant van Rees , kommandant

der *Djambi*, toen stations-kommandant, volgde eenige dagen later, zoodat beide schepen den 15 Mei ter reede van Yokohama ten anker lagen, in afwachting van de schepen *Metalen kruis* en *Amsterdam*, die de Nederlandsche magt in Japan op vier bodems zouden brengen, om daarmede met of zonder de Engelschen en Franschen den vorst van Nagato te bestraffen en de straat van Simonoseki te openen.

Den 20 Mei arriveerde uit Engeland het linie-schip *the Conqueror*, aan boord hebbende 450 mariniers, om zoo noodig bij landingen tegen den vijand gebruikt te worden; het aantal oorlogsschepen van Engeland, Frankrijk en Nederland nam nu van lieverlede toe; de Franschen hadden hier ter reede, behalve het Admiraalsschip *Semiramis*, nog drie andere oorlogsbodems, als: *Dupleix*, *Tancrède* en *le Monge*; de Engelschen telden, behalve het Admiraalsschip *Euryalus*: *the Pearl*, *the Barossa*, *the Leopard*, *the Conqueror*, *Argus*, *Coquette*, *Cormorant*, *Bouncer*, *Havock*; de Amerikanen telden slechts één oorlogsfregat, *the Jamestown*, zonder stoomvermogen.

Den 28 Junij kwam uit Nederland Z. M. schroefkorvet *Metalen kruis*, kommandant Kapitein-Luitenant de Man, kort daarop bevorderd tot kapitein ter zee, die onmiddellijk het stations-kommando overnam van den Kapitein-Luitenant van Rees.

Den 4 Julij arriveerde Z. M. raderstoomschip

Amsterdam, Kapitein-Luitenant Muller, zoodat wij de Nederlandsche vlag, te midden van al die vreemde schepen, zagen wapperen aan de gaffel van vier goede oorlogsbodems, allen onder het bevel van den Kapitein ter zee de Man.

De Japanners zagen niet zonder eene zekere ongerustheid het getal oorlogsschepen dagelijks toenemen en begonnen nu te begrijpen, dat het den Westerschen Mogendheden ernst was, de gesloten tractaten met hun land te handhaven.

Yokohama was geheel eene militaire plaats geworden, waar Fransche, Engelsche en Nederlandsche matrozen en soldaten, waaronder het 20ste regiment Engelsche infanterie, eene niet geringe beweging en drukte veroorzaakten.

Weldra vernamen wij, dat wij met onze vier schepen niet bestemd waren op ons zelven te ageren. Engeland en Frankrijk waren met Nederland en Amerika overeengekomen krachtdadig te werk te gaan, ten einde de rust en veiligheid in Japan te herstellen; zoodat, volgens de daartoe uit Nederland nader ontvangen bevelen, de Kapitein ter zee de Man zich met de Engelsche en Fransche vlootvoogden verstaan moest, om met de vier bodems onder zijn bevel in de op handen zijnde krijgsverrigtingen een waardig aandeel te hebben.

De Engelsche Admiraal zond den 21 Julij twee zijner schepen, *the Barossa* en *the Cormorant*, op verkenning uit naar de straat van Simonoseki, tevens met last om twee onlangs uit Engeland teruggekeerde Japansche Heeren, onderdanen van den vorst van Nagato, aldaar aan land te zetten; deze Japansche Heeren meenden hun vorst te zullen kunnen bewegen, zoo niet tot onderwerping, ten minste tot heropening van de straat van Simonoseki.

Een Fransch officier, de Luitenant 1ste kl. Layrle, en een Nederlandsch officier, de Luitenant 1ste kl. Jhr. Brandtsen, werden aan boord der *Barossa* mede gezonden, om zoo noodig tegenwoordig te zijn bij eventuèle onderhandelingen met den vorst van Nagato, en plaatselijke kennis op te doen van de ligging der batterijen enz., die de verdediging der straat uitmaakten.

Drie weken later kwamen beide schepen terug, met de tijding, dat er aan geene minnelijke schikking te denken was, en de vijand zich gereed bleef houden elken aanval der Westersche vloten te wêerstaan.

De Vice-Admiraal Kuper vereenigde daarop de verschillende chefs der aanwezige smaldeelen en corpsen der landmagt, liet mij officiëel uitnoodigen daarbij tegenwoordig te zijn, als zijnde door opgedane ondervinding ook bekend met de ligging der vijandelijke batterijen. In deze conferentie werd besloten: dat het Amerikaansche fregat *Jamestown*, Kapitein Price, benevens de Engelsche schepen *Pelorus*, *Race-horse*, *Cormorant*, *Havock* en *Kestrel*, ter bescherming van

Yokohama zouden achterblijven, alsmede het 20ste regiment Engelsche infanterie en een bataillon Engelsch-Indische troepen (*Beloutchies*), terwijl de zeildag der verschillende eskaders op den 20 Augustus werd bepaald.

Alles werd nu aan boord der schepen tot het gevecht gereed gemaakt, en men bedacht wat noodig zou kunnen zijn bij het landen en bestormen van batterijen. De Kapitein-Luitenant van Rees, kommandant van de *Djambi*, zou de landings-divisie van de Nederlandsche schepen kommanderen; hij begaf zich bijna dagelijks met de onder zijne bevelen gestelde magt, 240 man matrozen en mariniers, aan wal tot het oefenen in de voornaamste infanterie bewegingen; met de hem eigenaardige énergie en ijver bragt deze hoofd-officier er al spoedig de zoo gewenschte eenheid en het begrip **van evolutiën in**. Hetzelfde had plaats bij de Engelschen, die 1400 man debarqueerden, onder bevel van den Kapitein ter zee Alexander, kommandant van het Admiraals-schip *Euryalus*, en bij de Franschen, waarvan 250 matrozen onder den Kapitein ter zee du Quilio, kommandant van het Admiraalsschip *Semiramis*, bijzonder in hunne tirailleur-exercitiën uitmuntten.

Door het slechte weder en misschien ook omdat de Opperbevelhebber het beter vond, vertraagde de heugelijke dag van anker ligten tot op Zondag den 28 Augustus, als wanneer successivelijk de schcepsdivisiën der verschillende Mogendheden, onder eene wolk van zwaren kolenrook, van de reede stoomden, met orders om zich bij het eiland Hime-sima, in de binnenzee te vereenigen.

Den 3 September waren alle schepen op het bepaalde rendez-vous, in eene baai van het eiland Hime-sima aangekomen, als:

Engelsche schepen:

Fregat 1ste kl. . . . . . *Euryalus*, vlaggeschip, Vice-Admiraal Kuper.

Linieschip . . . . *Conqueror* (bat. marin.)

Schroefkorvet 1ste kl. . . *Tartar.*

     //   //   . . *Barossa.*

     //   //   . . *Perseus.*

     //   2de kl. . . *Coquette.*

Kanonneerboot . . . . . . *Bouncer.*

Raderstoomfregat . . . . *Leopard.*

Raderstoomkorvet . . . . *Argus.*

Fransche schepen:

Stoomfregat 1ste kl. . . . *Semiramis*, vlaggeschip, Schout-bij-Nacht Jaurès.

Schroefkorvet . . . . . . *Dupleix.*

Schroef aviso . . . . . . *Tancrède.*

Nederlandsche schepen:

Schroefkorvet 1ste kl. . *Metalen kruis.*

     //   //   . . *Djambi.*

Raderstoomschip . . . . *Amsterdam.*

Korvet met stoomvermogen *Medusa*;

  benevens eene Amerikaansche gehuurde particuliere stoomboot *Takiang*, met een detachement van *the Jamestown* en een getrokken kanon (*parrot-gun*), onder bevel van den Amerikaanschen zee-officier Pearson; te zamen uitmakende eene vloot van 14 bodems.

Den 4 September werd er aan boord van het Nederlandsche eskader gevlagd met de Nederlandsche vlag aan de toppen, ter gelegenheid van den verjaardag van Z. K. H. den Prins van Oranje; de Engelsche en Fransche eskaders heschen mede onze vlag aan hunne groote toppen, onder het spelen der Nederlandsche volksliederen door hunne stafmuziek.

Volgens ontvangen bevelen hadden alle schepen omstreeks 9 uur 's morgens stoom op, en deed daarop de Opperbevelhebber sein van anker ligten en onder stoom gaan, in de orde van drie kolonnes, met de chefs der verschillende eskaders aan het hoofd van elke kolonne; de Engelschen in het midden, de Nederlanders regts en de Franschen en Amerikanen links van de Engelschen. Het was eene algemeene vreugde op al de schepen, eindelijk het oogenblik te zien opdagen, waarin de onzekere verhouding der Westersche Mogendheden tot Japan zou ophouden te bestaan, en waarin men aan geheel de wereld hoopte te toonen wat houten oorlogsschepen nog tegen landbatterijen vermogen.

De vloot kwam omstreeks ten 5 ure voor den oostelijken ingang der straat van Simonoseki ten anker, buiten het bereik van 's vijands geschut.

Onmiddellijk begaven zich de chefs der eskaders aan boord van *the Coquette*, ten einde de batterijen te verkennen; *the Coquette* naderde de batterijen tot op ongeveer honderd ellen, men vond ze alle bemand en gereed voor het gevecht; waarschijnlijk had de vijand besloten geen schot te doen alvorens aangevallen te worden, want ware zulks niet het geval geweest, dan was *the Coquette,* hoewel eene zeer snelle vaart kunnende aannemen, geducht beschoten geworden, en waren onze respectieve chefs in groot gevaar gekomen. Dat allen aan boord die manoeuvre van *the Coquette* met gespannen verwachting nastaarden, en elke kommandant zijn bodem gereed hield, om bij de eerste vijandelijkheid *the Coquette* aangedaan, de bevelen van den Admiraal te kunnen volgen, zal de geachte lezer wel kunnen nagaan.

Deze verkenning afgeloopen en de chefs der divisiën op hunne schepen teruggekeerd zijnde, bleven de schepen, met opgebankte vuren ten anker, de nadere bevelen voor het gevecht afwachten.

Omstreeks middernacht werd de schriftelijke order van den Opperbevelhebber aan boord gebragt, inhoudende: dat Z. Exc. voornemens was 's anderendaags met al de schepen onder zijn bevel de batterijen aan te vallen, die tot zwijgen te brengen, en daarna, volgens nadere orders, te landen, om den vijand zooveel doenlijk te vervolgen; dat evenwel de kommanderende officieren der schepen van de verschillende Mogendheden

een nader sein van hem Admiraal moesten afwachten tot het beginnen van vijandelijkheden.

Aangezien in de schriftelijke order van den
Admiraal geen uur bepaald was, waarop de aanval zou geschieden, en ik vóór het aanbreken
van den dag niets ongedaan wenschte te laten
wat nog te doen stond, om geheel voor het gevecht
gereed te zijn, liet ik *overal maken* (1), en zette
onmiddellijk de geheele equipage aan het ophalen
van zware kettingen, welke op 1¹/₂ voet afstand
van boord, bogt aan bogt gehangen en elke
bogt aan de andere vast gesjord, een groot
gedeelte der stuurboordszijde voor het kanonvuur
der batterijen moesten dekken; de aanmerkelijke
helling, hierdoor aan het schip gegeven, werd tevens zooveel noodig verminderd door eenige lasten
ijzeren ballast, aan de tegenovergestelde zijde
gebragt. De ijzeren sloepdavids werden ook
uitgeligt en langs boord bevestigd, daar een
vijandelijke kogel deze davids treffende, de bemanning op het bovendek vreeselijke wonden
zou toebrengen; wij namen voorts bramra's en stengen aan het dek, voorzagen het tuig met borgen,
zoodat het eene stag of het want getroffen zijnde, dit
aan het andere bleef hangen, hetgeen vooral op de
Medusa van belang was, waar geheel het staande
tuig uit ijzerdraad touwwerk (*iron wire*) bestond.
Met het aanbreken van den dag waren wij met alles

(1) *Overal maken* beteekent: de geheele equipage op
het dek doen komen.

gereed en gaf ik order, dat de geheele equipage zich na het morgenontbijt ter ruste zou begeven, en toch gereed bleef, om op het eerste bevel, dat daartoe gegeven zou worden, onmiddellijk het anker te ligten en in de batterij de stukken te bemannen; men zag dan ook weldra hier en daar menig vermoeiden gast eene zachte plank in de kuil of op het bovendek uitzoeken, om in den diepsten slaap 's werelds roem en zorgen eenige uren aan anderen over te laten.

Reeds vroeg in den morgen werd aan boord van de *Euryalus*, vlaggeschip van den Opperbevelhebber, sein gedaan voor alle kommandanten der verschillende schepen. Bij den Admiraal in de kajuit komende, vond ik hem met de kaart der straat van Simonoseki op tafel voor zich, waarop de vijandelijke batterijen waren aangegeven. Z. Exc. alle kommandanten aan boord hebbende, begon dadelijk ons kort en bondig zijn plan van aanval bekend te maken en verdeelde de vloot in twee eskaders, als:

Het zware of front-eskader, onder bevel van den Engelschen Kapitein Hayes, kommandant van de *Tartar*, bestond uit de schepen *Tartar*, *Dupleix*, *Metalen kruis*, *Barossa*, *Djambi* en *Leopard*, die in de baai van Tanoura in het front van de batterijen op een bekwamen afstand in linie van bataille moesten ankeren, en onmiddellijk door middel van eenen spring op hunnen ketting dwars halen, zooveel als noodig was, om al de stukken van hunne stuurboordszijde te kunnen gebruiken.

Het ligte of flank-eskader, onder bevel van den Commander Kingston, kommandant van de *Perseus*, bestond uit de schepen *Perseus*, *Medusa*, *Tancrède*, *Coquette* en de kanonneerboot *Bouncer*, en moest onder stoom blijvende in linie van bataille évolueren langs den vijandelijken wal, en de batterijen in de flank beschieten; terwijl de *Amsterdam* en *Argus*, die ook tot het flank-eskader behoorden, voorloopig de reserve moesten uitmaken, om eenig ontredderd of aan den grond geraakt schip onder 's vijands vuur ter hulp te snellen.

Eindelijk, om de voornaamste flotille-vaartuigen niet aan 's vijands vuur bloot te stellen, moesten de barkassen en groote sloepen, onder bescherming van de *Amsterdam* en de *Argus* worden gebragt, zoodat ik aan boord der *Medusa* slechts twee sloepen overhield.

Het linieschip *the Conqueror*, aan welks boord een bataillon mariniers geëmbarqueerd was, kreeg order om, gelet op het moeijelijke vaarwater voor zoodanig diepgaand schip, de eerste vijandelijke batterijen te naderen, echter niet meer dan noodig was om die met zijn vèr-dragend armstrong geschut te kunnen bereiken, en de Amerikaansche stoomboot *Takiang* zou met haar eenig vèr-dragend getrokken kanon (*parrot-gun*) op grooten afstand vuren, waar zulks nuttig kon zijn.

Allen behoorlijk wetende wat hun te doen stond, begaven de kommandanten der schepen zich met een hartelijken handdruk en *good bye* van den Admiraal naar hunne respectieve bodems. Zijne Excellentie mij de hand gevende, zeide: ik hoop dat ge tevreden zult zijn; ik heb de *Medusa* eene geschikte plaats in het flank-eskader aangewezen, zoo als ik u vroeger beloofd heb; nu kunt ge eene oude schuld met hen afrekenen; *you owe them a bill to be paid.*

Op alle schepen zag men de laatste voorzorgen in het tuig nemen, tegen het afschieten van touwwerk of stengen, en met ongeduld het door-komen van den vloed afwachten, hetgeen voor de uitvoering van het plan d'attaque volstrekt noodzakelijk was, aangezien men, in den stroom opstoomende, den vijandelijken wal hier beter op een gegeven afstand kon houden, en elk schip alsdan beter de bewegingen van het roer volgt, doch vooral was het van belang, dat de stroom de eventuëel ontredderd wordende schepen belette onder 's vijands vuur tegen den wal te drijven.

Omstreeks 2 ure 's namiddags deed de Ad-miraal het sein van // de schepen naar hunne posten"; onmiddellijk daarop zag men de beide eskaders in beweging. Het zware of front-eska-der onder bevel van den Engelschen Kapitein ter zee Hayes, kommandant van *the Tartar*, werd door dezen hoofd-officier op de meest be-kwame wijze in linie van bataille ten anker ge-bragt, onder den wal van de Tanoura-baai, en in het front der vijandelijke batterijen op onge-veer 1600 ellen afstands, terwijl de Engelsche

Kapitein-Luitenant Kingston, kommandant van *the Perseus*, het ligte of flank-eskader onder den vijandelijken wal bragt, en met de schepen op eene halve kabellengte van elkander de linie van bataille formeerde, hetgeen bij den reeds vrij sterken stroom en zonder ten anker te komen, alles behalve gemakkelijk was. (1) Na eene korte toespraak tot mijne brave Etat-major en bemanning, die nu op nieuw de eer onzer Marine in het bijzonder, en die van onze landgenooten in het algemeen zouden helpen handhaven, liet ik alarm slaan, en begaf een ieder zich naar zijnen post, bereid om zijn leven op te offeren in het volbrengen van dezen edelen pligt.

Er heerschte nu eene doodelijke stilte; aller oogen waren op het vlaggeschip *Euryalus* gerigt; de Admiraal, de schepen genoegzaam op de hun aangewezene posten in positie achtende, liet omstreeks 3 uren 30 minuten het zoo lang verwachte sein hijschen van *» engage the enemy, »* (2) welk sein vergezeld ging van een helder knallend scherp schot uit eenen der armstrong honderdponders van de *Euryalus.* Op dit oogenblik brak het vreeselijkst gedonder los, veroorzaakt door het gelijktijdig vuren van alle schepen, zoowel als van de vijandelijke batterijen, die, in rook

---

(1) Eene vlugtige schets van de positie der schepen bij den aanvang van het gevecht is hier ter verduidelijking bijgevoegd.

(2) Den vijand slag leveren, of het vuur op den vijand aanvangen.

en vlammen gehuld, ruim drie kwartier uurs het vuur der schepen moedig en wakker beantwoordden.

Wij stoomden achter de *Perseus* langzaam voort, steeds met de meeste snelheid en juistheid vurende op die batterijen, die onder het bereik van ons geschut waren. Het wèlgerigt vuur van het ten anker liggend front-eskader, dat aan de vijandelijke batterijen eene geduchte les gaf, werd door ons flankvuur, vooral toen wij van lieverlede tot op 4 à 500 ellen de groote Mata-mura batterij genaderd waren (zie het plan), krachtig ondersteund; terwijl de twee vlaggeschepen *Euryalus* en *Semiramis*, alsmede de Amerikaansche stoomer *Takiang*, tusschen de beide eskaders door, met hun getrokken geschut kogels en granaten op 2 à 3000 yards met de meeste juistheid in de vijandelijke batterijen bragten. De wind deed den rook en de kruiddamp telkens tijdig genoeg verdwijnen, om niet hinderlijk in het pointeren der stukken te zijn. Na een half uur slaags geweest te zijn, deed de Admiraal sein voor de *Amsterdam* en de *Argus*, " to close and engage," (1) waarop beide schepen deel namen aan het gevecht.

Ruim een uur hield dit kanongebulder aan, dat voor den vijand eene allerverschrikkelijkste uitwerking moet gehad hebben, en eere moet men den Japanners geven, dat zij, die nooit geregeld gevochten hadden tegen eene zoo groote Europesche scheepsmagt, aanhoudend

_____

(1) Nader bij komen, en slag leveren.

ons vuur uit hunne opene batterijen beantwoord
hebben, totdat er van hunne zijde waarschijnlijk
zooveel sneuvelden, dat zij het vuren hebben moeten
staken. 's Vijands vuur begon ten 5 ure_te verflaau-
wen en was ten 5 ure 30 minuten tot zwijgen gebragt, waarom ook van onze zijde het vuren ophield.

Intusschen bevonden de *Perseus* en de *Medusa*
zich ongeveer 50 ellen van de met negen stukken zwaar kaliber gewapende Mata-mura batterij.
De kans om deze onschadelijk te maken door
het vernagelen der stukken was te schoon, om
die niet waar te nemen. Zonder de bevelen van
den Admiraal hieromtrent af te wachten (1), liet
de kommandant der *Perseus* voor de *Medusa* het
sein hijschen van te debarqueren; dit sein werd
niet onmiddellijk begrepen, omdat het onklaar
waaide; ik begreep evenwel dadelijk wat er
mede bedoeld werd, den Engelschman niet alleen
te moeten laten en liet de nog aan boord
zijnde sloepen met den meesten spoed strijken en
bemannen, zoodat toen de kommandant der
Perseus mij op mijne vraag, wat hij doen ging,
antwoordde: *we go ashore to spike the guns*, (2) ik
hem tot mijn groot genoegen kon antwoorden:

(1) Het is een algemeene regel bij de Engelsche Marine,
dat elke kommandant, in een gevecht kans ziende door onvoorziene omstandigheden den vijand afbreuk te doen, zulks
op zijne verantwoording kan nemen, al moet hij daardoor
ook eenige oogenblikken afwijken van de hem vroeger
gegeven bevelen.

(2) Wij gaan aan wal de stukken vernagelen.

my two boats follow you immediately, (1) hetgeen met
een *hurrah!* van de equipage der *Perseus* werd
beantwoord.

Den eersten officier, Luitenant 1ste klasse
J. de Hart, droeg ik het bevel over die twee
sloepen op, gaf hem twee officieren en twee
adelborsten (2) mede tot assistentie in deze
zoo gevaarlijke onderneming en beval hem zich
onder de bevelen te stellen van den overste
Kingston, die in persoon de expeditie aanvoerde.
Opgetogen en vol ijver voor de zaak, verdeelde
de eerste officier zijne officieren, adelborsten en
manschappen in beide sloepen, voorzien van
scherpe patronen en van al het noodige om den
vijand afbreuk te doen. De officieren en adelborsten, die hem vergezelden, hadden zich, even als
hij, in 1863 (11 Julij) door moed en beleid
gekenmerkt, zoodat ik zeker was dat, in geval
de onderneming mislukte, er met kalmte en
overleg voor het behouden terugkeeren der
manschappen zooveel mogelijk zoude gezorgd
worden. Wanneer ik dezen welverdienden lof geef
aan de hier bedoelde officieren, kan ik niet nalaten hier onmiddellijk ook hulde te brengen
aan de overige leden van de Etat-major voor
diezelfde militaire deugden, waardoor zij zich

(1) Mijne twee sloepen volgen u onmiddellijk.

(2) De Luitenants 2de kl. A. J. Thurkow en P. Wittop
Koning en de adelborsten 1ste klasse J. C. A. Wissel en
H. de Jongh.

toen eveneens onder het hevig kanonvuur des vijands hadden onderscheiden.

Met geestdrift vervuld, snelden mariniers en matrozen in de sloepen, en kort daarop beklommen zij de vijandelijke batterij, terwijl ik aan boord met schroot en geweervuur de landing zooveel mogelijk dekte tegen de magt des vijands, die zich in de omringende bosschen verspreid had en onophoudelijk een levendig geweervuur op ons onderhield, waarvan wij de kogels over ons hoorden fluiten. Wij waren op zeer korten afstand van den wal; het duurde geen kwartier of wij zagen de sloepen terugkomen, zoowel van de *Perseus* als van de *Medusa*, en de stukken waren vernageld. Aan boord teruggekomen, rapporteerde mij de eerste officier: dat de Engelschen, eenige minuten eerder dan onze sloepen aan wal gekomen, de stukken onmiddellijk hadden vernageld; dat de overste Kingston hem had opgedragen mij zijnen dank te betuigen voor de dadelijk verleende assistentie, zonder welke hij het niet gewaagd zou hebben deze gevaarlijke expeditie te ondernemen, terwijl genoemde overste, na het vernagelen aan zijne officieren en manschappen gelast had, met den grootsten spoed naar boord terug te keeren, en ook aan Mr. de Hart verzocht had zulks te doen, aangezien er honderde Japanners in de bosschen achter de batterij waren, die elk oogenblik op deze kleine troep konden afkomen, en alleen door de invallende duisternis waren belet ge-

worden het geringe getal der gelande manschappen op te merken.

Na de sloepen geheschen en de officieren en manschappen voor hunnen betoonden ijver en moed
bedankt te hebben, stoomde ik achter de *Perseus*
naar de overige geankerde schepen, om aldaar
volgens het sein van den Admiraal den nacht
verder ten anker door te brengen; de verschillende
schepen passerende werden de *Perseus* en de *Medusa* beide met geestdrift door de Engelsche en
Fransche bodems begroet: *"Hurrah! for the Perseus! Hurrah! for the Medusa!"* klonk nu uit
honderde welmeenende borsten, die met innig
genoegen onze landing hadden opgemerkt.

Ten anker gekomen, begaf ik mij onmiddellijk
naar den Admiraal Kuper, die mij in tegenwoordigheid van den Franschen Schout-bij-Nacht Jaurès
ontving; beide vlootvoogden betuigden mij op de
meest hartelijke en vereerende wijze hunne tevredenheid over de manoeuvres en het vuren der
Medusa, die het geluk te beurt gevallen was
zich op dezen dag met de *Perseus* te mogen
onderscheiden, en de Japanners, zoo als de
Admiraal zich uitdrukte, voor hunnen overmoed
van het vorige jaar geducht had laten betalen,
zonder evenwel door 's vijands projectielen eenig
letsel te hebben bekomen. Het aantal gedane
schoten aan boord der *Medusa* bedroeg op dezen
dag 122, zijnde 98 dertigponds kogels en
24 granaten van 20 duim. In het gesprek, dat

daarop volgde, gaven de Admiraals beide hunne bewondering te kennen over de uitmuntende, goede rol, door de vier Nederlandsche schepen op hunne respectieve posten gedurende het gevecht van dezen dag vervuld, en toen ik afscheid nam droeg de Engelsche Admiraal mij de aangename taak op, aan mijne officieren en bemanning zijne tevredenheid over hun wèlgerigt vuur, zoowel als over hun gehouden gedrag over te brengen, van welke taak ik mij natuurlijk zoodra mogelijk kweet.

Onder de H.H. officieren viel den officier van administratie 2de kl. J. A. Waldeck op dezen dag ook een nuttige werkkring ten deel, waarin hij zich door den grootsten ijver onderscheidde met den onder zijne bevelen gestelden scheepsklerk A. Duhne en den stuurman A. Weijer: deze officier is namelijk in een eskader altijd belast met het beheer der seinen en het aanteekening houden van de voorvallen en manoeuvres.

Onder de adelborsten, die allen op nieuw op uitstekende wijze hunnen pligt deden, bekleedde de adelborst 1ste kl. J. van Herwaarden eene eerste plaats: naast mij blijvende als adjudant, was hij mij door zijne oplettendheid van het grootste nut in het manoeuvreren met de *Medusa* tusschen al die schepen en in dien fellen stroom.

Onder de onderofficieren en manschappen zijn het de kommandeurs der stukken geweest, zoo als:

de Kwartiermeesters L. Rutten, J. Oostveen en H. Doesburgh,

de Matrozen der 1ste kl. A. van der Waal, H. van Wijnen, J. H. van Dieke en J. H. Wurtz,

en de Korporaal der mariniers, W. van Koeverden, die allen, even als in 1863, door bedaard en goed schieten uitgemunt hebben.

Van het front-eskader waren het de *Metalen kruis*, de *Tartar* en de *Dupleix*, die het meest van 's vijands vuur geleden hadden; bij den aanvang van het gevecht reeds, nadat daags te voren de kommandant van de *Metalen kruis*, onze Stations-kommandant, de Kapitein ter zee de Man, zijne bemanning had toegesproken en den zilveren beker had rond laten gaan, waarmede de nationale vereeniging. //Het Metalen kruis // in Nederland zijnen bodem had vereerd, kreeg het schip een vijandelijken kogel van voren in, die het geheele dek enfileerde, waarbij twee man gedood en drie zwaar gewond werden.

Des anderen daags (6 September) deed het kanon zich op nieuw met het krieken van den dag hooren van de grootste vijandelijke batterij, tegenover kaap Mozi gelegen. De *Djambi* en *Dupleix* beantwoordden dit vuur onmiddellijk, en werden daarin door de *Metalen kruis* en *Tartar* gevolgd, zoodanig dat de vijand er dadelijk genoeg van had en weldra deze batterij tot zwijgen werd gebragt.

Deze morgengroet des vijands was het noodlottigst voor de Fransche korvet *Dupleix*, alwaar twee man gedood en vier gewond werden, en voor de *Tartar*, die verscheidene gewonden telde, waaronder de eerste officier, Luitenant Brownlow.

Hoewel de schepen dezen nacht schijnbaar rustig ten anker liggende hadden doorgebragt, waren binnen boord de bemanningen aanhoudend gereed gebleven bij hunne stukken, om dadelijk vuur te geven, indien de vijand weder was begonnen te schieten, of om tijdig praauwen af te weren, die de vijand als branders had kunnen afzenden. De Japanners schijnen aan deze manier om het ons lastig te maken niet gedacht te hebben of hebben het van meer belang geacht, na de vermoeijenissen van den dag, eens goed uit te rusten.

Zoodra het vuren eenen aanvang had genomen, liet ik het anker ligten en bragt de *Medusa* in de linie van het flank-eskader op eene halve kabellengte van de *Perseus* op mijn post, en begaf mij met den kommandant van de *Amsterdam* en de *Perseus*, op het sein van den Admiraal, aan boord van de *Euryalus*, alwaar de Admiraal, den overste Kingston, kommandant van het flank-eskader, tot Kapitein ter zee bevorderde, en hem nogmaals zijne tevredenheid betuigde over de manoeuvres van den vorigen dag, en over de gewaagde, doch zoo welgelukte landing en het vernagelen der stukken van de Mata-mura batterij.

Daarop gaf de Admiraal de order voor de *Amsterdam*, *Medusa* en *Perseus*, om zich gereed te houden tot landen, zijnde het Z. Exc. aanvankelijk voornemen niet alle schepen te doen landen, aangezien het nog onzeker was, of de batterijen van den vijand, die om en bij de stad Simonoseki, dus aan den anderen of westkant van kaap Mozi lagen, zouden aangevallen worden op dezen zelfden dag; vooral drong de Admiraal er op aan, dat ik zorg zou dragen steeds zoo veel volk aan boord te houden, dat de vier stukken van de kuilbatterij, die door kettingpantsering gedekt waren, goed bediend konden worden.

Aan boord der *Medusa* teruggekeerd, werd onmiddellijk de landings-divisie onder bevel van den Luitenant 1ste kl. de Hart in de drie gewapende sloepen verdeeld, als volgt:

de barkas of zwaarste sloep, gewapend met een 12 ℔ kanonade, Luitenant 1ste kl. J. de Hart, adelborst J. C. A. Wissel, 40 man met geweren en sabels;

de groote of kapiteinssloep, gewapend met een bronzen kanon 12 dm., Luitenant 2de kl. A. J. Thurkow, adelborst 1ste kl. E. J. Hoos, 20 man met geweren en sabels;

de officierssloep, gewapend met een bronzen kanon 3 ℔, Luitenant 2de kl. P. Wittop Koning, 20 man met geweren en sabels, en den officier van gezondheid 2de kl. Dr. de Brieder.

Volgens de daaromtrent van den Admiraal ontvangen bevelen gaf ik den Luitenant 1ste kl. de Hart order, om aan wal komende, zich onder de bevelen te stellen van den kapitein ter zee Alexander, kommandant van het Engelsche Admiraalsschip *Euryalus*, die belast was met het algemeen kommando over de Engelsche en Nederlandsche landings-divisiën.

Al spoedig bleek het dat de Admiraal het plan d'attaque eenigzins wijzigde, daar nu van alle schepen gewapende sloepen afgezonden werden, die zich bij de overigen voegden, en gezamenlijk eene vrij aanzienlijke landings-divisie uitmaakten. Door meerdere ancienniteit van rang kwam hierdoor de Luitenant 1ste kl. de Hart onder de bevelen van den eersten officier van de *Metalen kruis*, den Luitenant 1ste kl. Binkes.

Omstreeks ten 8¹/₂ ure stoomde het flank-eskader, met de sloepen der verschillende natiën op sleeptouw, naar den vijandelijken wal, en werd de gezamenlijke magt van 1200 man in de beste orde gedebarqueerd, terwijl de schepen de om en bij de landingsplaats liggende ravijnen en bosschen met granaat- en kartetsvuur schoon veegden. De *Medusa* deed op dien dag 41 schoten, zijnde:

12 granaten van 20 duim,
15   id.   // 16   //
 2   id.   // 12   //
12 kogels // 30 ℔.

De landingstroepen hadden nu en dan in de bosschen tirailleurvuur met den vijand gehouden, doch niet van langen duur.

De Engelsche mariniers en matrozen, aangevoerd door hunnen dapperen Kapitein Alexander, waren de eenigen, die ernstigen tegenstand ontmoetten bij het bestormen van eene in de bergen gelegen batterij, bij welke gelegenheid zij 8 dooden en 22 gekwetsten telden, onder welke laatsten ook Kapitein Alexander, als gevaarlijk gewond aan den voet, behoorde.

Bij het oversteken naar den vijandelijken wal, stootte de *Medusa*, met volle kracht stoomende, met het achterschip zijdelings tegen eene onbekende klip, waar $2\frac{1}{2}$ vadem water op stond; de sterke stroom deed gelukkigerwijs het schip rond zwaaijen en vlot geraken, zoodat ik onmiddellijk weêr op mijn post was, mij niet weinig verheugende het gevaar ontkomen te zijn van op dit belangrijk oogenblik op eene klip vast te geraken.

De verdere bijzonderheden over de bewegingen der vereenigde vloot gelieve de geachte lezer in de bijlagen na te gaan.

Den 10 September lagen alle schepen voor de stad Simonoseki ten anker, en waren de vredes-onderhandelingen met den vijand in vollen gang, zoodat de Nederlandsche divisie weder onder het onmiddellijk bevel van onzen geachten divisie-kommandant, den Kapitein ter zee de Man kwam.

Volgens het hierachter gevoegd rapport van den

Kolonel de Man, waren de resultaten van deze expeditie vrij voldoende.

1°. De straat van Simonoseki, en daardoor de Japansche binnenzee, zal voor alle natiën geopend worden; alle schepen, welke behoeften, steenkolen, water of levensmiddelen verlangen, zullen zich daarvan te Simonoseki tegen billijke prijzen kunnen voorzien.

2°. Geene nieuwe batterijen zullen worden opgerigt, geen geschut op oude of nieuwe batterijen worden geplaatst.

3°. Voor sparing der stad en de oorlogs-kosten der geallieerde vloten zal eene behoorlijke schadevergoeding gegeven worden; het bedrag daarvan zal door de Europesche en Amerikaansche Ministers, te Yeddo residerende, bepaald worden.

4°. Al het bovenstaande heeft geheel en alleen betrekking op de tegenwoordige zaken, en geenszins op de eischen van Mogendheden voor vroegere of toekomende grieven.

Al deze artikelen werden den 16 September door den vorst van Nagato aangenomen; waarlijk een niet gering resultaat: Daarenboven waren 62 bronzen stukken geschut, meest allen van zwaar kaliber, op den vijand prijs gemaakt geworden, welke stukken voor de helft aan Engeland en voor de andere helft aan Frankrijk en Nederland ten deel vielen, terwijl aan Amerika één der fraaiste stukken van den buit ten geschenke werd aangeboden.

Voor Nederland is er nog eene andere reden

van tevredenheid over al het voorgevallene, waaraan ik als zee-officier met gepaste fierheid meen
te mogen herinneren, namelijk: dat de Nederlandsche oorlogsschepen bewijzen gegeven hebben, dat de Marine, hoe klein ook in vergelijking
met die der groote zeemogendheden, in geen
opzigt bij deze ten achteren staat, in alles wat
zeemanschap, geoefendheid en zelfopoffering voor
de belangen van het vaderland betreft. Mogt
onze artillerie toen nog niet zoo veel uitmuntend
getrokken geschut gehad hebben, en al hebben
wij vergelijkenderwijs geene ijzeren schepen zoo
als zij, (het materieel kan altijd voor geld
verkregen worden) het corps officieren en manschappen, in 't algemeen *het personeel* genoemd, laat daarentegen niets te wenschen over,
en van eene kleine Marine, welks personeel met zulk een goeden geest bezield is, kan
Nederland vroeg of laat groote daden verwachten, mits het geene pogingen verzuime, om dien
goeden geest bij het corps te handhaven en aan
te wakkeren.

Tot den 20 September bleven de schepen voor
Simonoseki ten anker; dagelijks bezochten wij
de stad en de omstreken, zoo ook de dorpen aan
de overzijde, dat is: aan den kant van Kiu-
siu, die de schilderachtigste tafereelen opleveren. De bewoners van Simonoseki kwamen
allengs in hunne huizen terug; weldra was
het alsof er niets gebeurd was, en herinnerden

alleen de verwoestingen door de kogels en granaten der geallieerde vloten, die men hier en daar
in enkele woningen aan den oostelijken kant van
Simonoseki opmerkte, aan de kort te voren plaats
gehad hebbende vijandelijkheden.

Het moet den rustigen Japanner een indruk-
wekkend schouwspel geweest zijn, toen hij van
uit zijne langs de boorden der binnenzee gelegene
woning eene vloot van drie verschillende natiën
in volmaakte orde zag voorbij stevenen. Den 21^{en}
kwam de geheele vloot bij zeker eiland Awa-sima
in de binnenzee ten anker; hier vertoefden wij
een paar dagen, ik geloof volgens afspraak van den
Engelschen Admiraal met den Franschen Schout-
bij-Nacht, die de vloot hier zou inhalen, daar
de Fransche schepen één dag langer voor de stad
Simonoseki waren blijven liggen. Zoodra het Fransche Admiraalsschip *Semiramis* op kwam dagen,
ligtte de vloot het anker en zagen wij de Franschen met volle kracht de vloot voorbij stoomen,
en vernamen al spoedig, dat zij besloten hadden naar Yokohama door te stoomen, alwaar
zij alleen, zoo als van zelf spreekt, vroeger
konden aankomen, dan wanneer zij de vloot-
manoeuvres bleven volgen, die altijd veel tijd
doen verliezen. Zoo geraakte onder anderen het
linieschip *the Conqueror* aan den grond, waardoor
minstens een dag oponthoud ontstond, door de
assistentie welke de andere schepen moesten verleenen om het weder vlot te krijgen.

Den 23^{en} 's avonds kwamen wij onder het groote eiland Sjodo-sima, in het oostelijk deel der binnenzee gelegen, ten anker, en den 25^{en} kreeg ik van den stations-kommandant, den Kapitein ter zee de Man, vergunning om met de *Medusa* de reis naar Yokohama alleen te vervolgen, omdat ik, bij de vloot verblijvende, spoedig gebrek aan steenkolen zou krijgen daar de vuren steeds brandende moesten blijven. Ik besloot toen de reis te vervolgen door de naauwe straat van Naroto, op de Engelsche kaarten bekend onder den naam van Whirlpool-passage, om zoodoende de reis te bespoedigen. Na het anker geligt te hebben, spoedden wij ons met kracht van zeil en stoom naar die naauwte; bij het naderen ontwaarde ik tot mijn leedwezen, dat de stroom al vrij sterk de binnenzee in-trok, doch hoopte nog, met behulp der zeilen en begunstigd door een stijven noorden wind, er door te zullen komen; het schip had eene buitengewone snelheid verkregen, voor de *Medusa* althans, van meer dan 12 mijlen vaart, of 22 kilometers per uur, en toen wij op het punt waren er door te geraken en ons op geene halve scheepslengte van de rotsen bevonden, vorderde het schip geen duim meer, zoodat de stroom, die links en regts van hetzelve kokende draai-kolken vormde, de ongeloofelijke snelheid van ruim 22 kilometers per uur moet gehad hebben. Het was dan ook geene gemakkelijke taak, om zonder op de rotsen te geraken, nu tusschen die draaikolken door terug te keeren ; er heerschte eene doodelijk stilte aan boord; ieder scheen het gevaar te beseffen waarin onze oude *Medusa* zich bevond. In een oogenblik werden alle zeilen gestreken en vastgemaakt; eene flinke en geoefende bemanning had daarvoor slechts weinige minuten noodig, terwijl ik met volle kracht bleef doorstoomen, dan links, dan regts sturende, om vrij te blijven van de draaikolken, tot dat de stroom het schip eindelijk behouden in de binnenzee terug gedrongen had. Het was reeds avond geworden, waarom ik onder het groote eiland Awadsi-sima eene ankerplaats voor den nacht uitzocht, en des anderen daags door de straat, benoorden Awadsi-sima, door de golf van Osacca, de straat van Linschoten en het Kino-kanaal, de reis vervolgde. Naauwelijks de binnenzee uit, en ons in den Oceaan bevindende, op weinig afstand van de Japansche kust, werden wij door een allerhevigsten storm beloopen, in die streken bekend onder den naam van Typhoon, zoodat wij eerst den 1 October, en zulks nagenoeg te gelijk met alle schepen der geallieerde vloot, die ook dat slechte weder in zee hadden waargenomen, in de baai van Yeddo, op de reede van Yokohama ten anker kwamen.

De ontvangst, welke allen te beurt viel van de vele kennissen en vrienden, die wij op deze plaats hadden, was onbeschrijfelijk hartelijk en gul; feesten en diners waren aan de orde van den dag, en daaronder mag ik niet onvermeld

7

laten het prachtige met bloemen en wapens versierde diner aan de kommandanten en officieren
van alle natiën door onzen geachten Consul, den
Heer Plate aangeboden, alsmede het hartelijk en
vriendschappelijk afscheidsmaal aan den kommandant en de officieren van de *Medusa* gegeven, door
den Consul-generaal, den Heer de Graeff van
Polsbroek, en voorzeker zullen de officieren der
Medusa met mij altijd met genoegen en er-
kentelijkheid aan de gastvrijheid denken, die
ons door de inwoners van Yokohama, en in het
bijzonder door de Nederlanders aldaar is bewezen.

Na afscheid genomen te hebben van de beide
Admiraals en van de kommandanten en officieren der verschillende oorlogsbodems, alsmede
van de Engelsche, Fransche en Amerikaansche
Ministers, begaf ik mij den 15en des avonds aan
boord, waar alles voor ons vertrek in gereedheid was gebragt, nadat op den namiddag onze
geachte Stations-kommandant met de meest
hartelijke bewoordingen de Etat-major en bemanning met de hem eigenaardige welsprekendheid
had toegesproken.

De goede vrienden van Yokohama kwamen
ons een laatst vaarwel zeggen, waaronder onze
geachte Consul-generaal van Polsbroek, de Consul Plate en de Heeren Textor, van der Tak,
enz. enz., die de oude *Medusa* in zulke verschillende omstandigheden in Japan hadden gekend.

Den 16 October vóór het aanbreken van
den dag stoomden wij de baai van Yeddo

uit, zoodat, toen de zon opkwam, wij reeds bijna uit het gezigt van de reede waren, en voor het laatst de schilderachtige omstreken van Kawa-Saki en Ouraga aanschouwden. Vaarwel! prachtige bergen! heerlijke valleijen en schoone landouwen! Vaarwel! nijver volk, dat de poorten van uw land voor de westersche beschaving hebt geopend! Moge die beschaving u geluk aanbrengen! En gij, moedige Europesche vrienden, die ons zoo gul en gastvrij hebt bejegend, gij, die de banier der beschaving aan deze zijde der Globe hebt geplant en met gevaar van uw leven blijft ophouden, ook u zij in dit oogenblik eene erkentelijke hulde toegebragt!....

Tegenwind en stormweder, vooral benoorden Formosa in de Chinesche zee, deden ons niet voor den 30 October de reede van Hongkong bereiken, alwaar wij eenige dagen vertoefden en kolen innamen. Honderde schepen, vooral Engelsche en Amerikaansche, waren hier geankerd, en het kwam mij voor, dat de handel er zeer levendig was. De prachtige gebouwen, die als zoovele colossale paleizen de stad omgeven, de goede inrigtingen en het comfort, dat men aan wal komende overal ontwaart, alles in één woord, doet ook hier de grootheid van het magtige Engeland gevoelen.

Wij arriveerden in 12 dagen van Hongkong ter reede van Batavia op den 15 November, en werden kort daarop door onzen algemeen hooggeachten Vice-Admiraal May geïnspecteerd, die

zijne hoogste tevredenheid over de houding en geoefendheid der equipage te kennen gaf, en op het
dek den kommandant, de Etat-major en bemanning met echt ridderlijke taal geluk wenschte, en
zijnen dank betuigde voor de wijze, waarop de
Medusa de eer van Nederland had gehandhaafd.

Daar mijne gezondheid niet meer tegen de hitte
van het Indisch klimaat, vooral te Batavia, bestand was, begaf ik mij naar de koele boven-
landen (te Sissipan) bij mijnen broeder, oud
zee-officier, die reeds jaren lang den vasten wal
boven het woelige element had verkozen, en
nu zich belast had met het beheer der landen van
Pondok Gedeh, alwaar de frissche gezonde lucht
mij geheel verkwikte. Vervolgens werd ik door
Zijne Excellentie den Gouverneur-Generaal uitgenoodigd een paar dagen op Buitenzorg door te
brengen, aan welke vereerende uitnoodiging ik onmiddellijk gevolg gaf. Kort daarop verkreeg ik
de vergunning tot herstel mijner gezondheid naar
Nederland terug te keeren, van welke vergunning
ik des te gretiger gebruik maakte, aangezien mij
de toestand van de *Medusa* genoeg bekend was,
om te weten dat deze bodem maanden lang in
reparatie zou liggen, en voorzeker nimmer naar
het vaderland zou kunnen terug keeren. (1)

Den 11 December droeg ik het bevel van de
Medusa over aan den Kapitein-Luitenant Arendsen

(1) De inhouten van de *Medusa* zijn volgens ontvangen
berigten uit Indië in zoodanigen staat bevonden, dat deze
bodem voorloopig buitendienst is gesteld moeten worden.

de Wolff, die de *Reteh* kommandeerde en wien volgens zijn rang het bevel over de *Medusa* als grooter schip toekwam.

Het afscheid te beschrijven van mijne brave officieren en bemanning is mij onmogelijk; het was een van die oogenblikken zoo als men er maar zelden beleeft, die diep in het hart gegrifd blijven.

Na zoovele gevaren en émotiën gedeeld te hebben, is het uit elkander gaan van persoonen, die ruim twee en een half jaar aan boord van hetzelfde schip te zamen geweest zijn, een treurig oogenblik, dat evenwel spoedig plaats maakt voor andere indrukken, zoo als zulks aan het zeemansleven eigen is. Het meerendeel der officieren, zoowel als dat der equipage, zijn met verschillende gelegenheden kort daarna hunnen Kommandant naar het vaderland gevolgd.

Den 16 December met de mailboot naar Singapore vertrokken, kwam ik den 25 Januarij 1865 te Marseille aan, en was den 30 Januarij te 's Hage in den huiselijken kring teruggekeerd. Ik vernam al aanstonds dat het Z. M., onzen geëerbiedigden Koning behaagd had, bij Hoogstdeszelfs besluit van den 20 December 1864, de bevelhebbers van Z. M. schepen, die zich bij gelegenheid van het forceren der straat van Simonoseki in Japan hadden onderscheiden, te benoemen tot ridders der Militaire Willemsorde, of hen daarin te bevorderen, tot welke laatsten ik de eer had te behooren, en dat bij een later Koninklijk besluit de H. H. eerste officieren dier schepen tot ridders der Militaire Willemsorde 4de klasse waren benoemd geworden. Nog behaagde het Zijne Majesteit, na met de meeste belangstelling en welwillende deelneming meerdere bijzonderheden van het gevecht van 11 Julij 1863 van mij vernomen te hebben, aan de drie officieren der *Medusa*, Wolterbeek Muller het officierskruis, en den Heeren Thurkow en Wittop Koning het ridderkruis der Eikenkroon te schenken, en den schipper J. de Vogel te benoemen tot broeder der orde van den Nederlandschen leeuw, als een blijk van H. D. hooge tevredenheid over hun manhaftig gedrag in dat hevig gevecht.

Eenige weken later behaagde het Zijne Majesteit den Koning nogmaals een algemeen blijk van H.D. ingenomenheid en Koninklijke tevredenheid te geven met alles wat de Nederlandsche Marine in Japan roemrijks had verrigt. Zijne Majesteit vereerde namelijk elk der vier schepen, de *Metalen Kruis*, de *Amsterdam*, de *Djambi* en de *Medusa* met eene vlag, op welks witte baan voor de drie eerste schepen aan de eene, en voor de *Medusa* aan beide zijden, de dagteekening vermeld staat waarop door hen is deelgenomen aan de gevechten in de straat van Simonoseki, (die der *Medusa* is op 's Konings specialen last van zijde vervaardigd) als eene blijvende herinnering aan die roemrijke wapenfeiten. Eindelijk bestemde Z. M. nog voor de *Medusa* in het bijzonder, eenen prachtig vergulden zilveren koker waarin de scheepsrolle van dezen bodem, zoo als die bestond op den 11 Julij 1863, is ingesloten. Aan de eene zijde is deze koker *en relief* versierd met de insignia van de Militaire Willemsorde, terwijl aan de andere zijde de naam van het schip in sierlijke letters voorkomt.

De hartelijke wijze, waarop zoovele goede vrienden en kennissen mij verwelkomden, alsmede de luisterrijke feestmalen, zoowel door mijne kameraden, de H. H. Zee-officieren, als door de H. H. Adjudanten en Ordonnance-officieren des Konings en der Prinsen van den bloede aangerigt, maakten mijne te huis komst eene gebeurtenis, door mij en de mijnen nimmer te vergeten. Allen trachtten als om strijd hunne tevredenheid en innige deelneming te doen blijken in het geluk, dat de Marine in 't algemeen had gehad, om de eer onzer vlag voor geheel de wereld hoog op te houden, en in het aandeel, dat de *Medusa* in het bijzonder daarin was te beurt gevallen.

Een groot aantal land- en stadgenooten, waaronder uit de meest aanzienlijke en oudste familiën van den lande, besloten ook van hunne deelneming te doen blijken in hetgeen door onze Marine in Japan verrigt was geworden, door den kommandant der *Medusa*, die eerst in 1863 met zijnen bodem alléén slaags was geweest en in het tweede gevecht voor Simonoseki roemrijk deel had genomen, bij zijne terugkomst in het vaderland eene prachtige schilderij van onzen geachten landgenoot Jhr. Heemskerk van Beest aan te bieden, voorstellende het gevecht der vereenigde vloot van 5 September 1864, als pendant van de door dienzelfden talentvollen schilder vervaardigde schilderij, voorstellende het gevecht der *Medusa* van den 11 Julij 1863, mij door Z. M. onzen geeerbiedigden Koning, vergezeld van een hoogst vereerend eigenhandig schrijven, goedgunstig vereerd.

Dit geschenk werd mij op de meest eervolle wijze overhandigd door eene Commissie, aan wier hoofd zich geplaatst had Z. Exc. de Minister van Staat, Jhr. Boreel van Hogelanden, die, na mij in naam van allen op de meest hartelijke wijze toegesproken te hebben, mij een prachtig album aanbood, waarin al de namen dier belangstellende vrienden en kennissen zijn opgeteekend. Zeer vereerend was het voor mij, dat Z. K. H. de Prins van Oranje Hoogstdeszelfs naam bovenaan heeft willen plaatsen.

De diepe indruk, dien deze hooge eer op mij en de mijnen maakte, kan beter gevoeld dan beschreven worden. Zulk een bewijs van sympathie, dat ik mij nooit had durven voorstellen, is voorzeker de grootste voldoening, niet alleen voor mij, maar ook voor mijne officieren en manschappen, die daaruit gezien hebben hoe in het vaderland bij alle standen nog prijs wordt gesteld op hetgeen onze Marine verrigt, en de Natie kan dan ook zeker staat maken, dat zulke hartelijke bewijzen van belangstelling en deelneming allerkrachtigst zullen werken om den heldenmoed der vaderen bij het nageslacht levend te houden.

BIJLAGEN.

Bijlage I.

(Overgenomen uit *the Japan Herald* van den 24 Sept. 1864).

On Sunday the 4th (September) the Allied Squadrons had assembled at Hima Sima, forming the following fleet, and thus composed.

FRENCH.	BRITISH.	DUTCH.
Semiramis, (Fl'g)	Euryalus, (Fl'g)	Metalen Kruis,
Dupleix	Tartar	Djambi
Tancrède.	Conqueror	Medusa
———	Barossa	Amsterdam.
AMERICAN.	Leopard	
Ta-Kiang.	Argus	
	Perseus	
	Bouncer.	

The whole of these, save the *Perseus*, had proceeded hence to the rendez-vous, as we before reported, on the 28th & 29th ulto. (The *Perseus*, bringing with her the Pembrokshire, with supplies of coal for the squadron had joined from Nangasaki and Shanghai). At 9 A. M. the combined squadrons weighed (the *Coquette* from Nangasaki joined company at 9.20) and formed in three columns two cables between each column, in open order of sailing; viz—the British Admiral leading in the centre, the French and American taking the left, and the Dutch the right: The fleet reached the entrance of Simonoseki at about 5 P. M., and came to an anchorage in the outer Straits. Immediately after anchoring the Admirals proceeded in the *Coquette* to reconnoitre. On Monday morning signals for Captains were made and orders for position of Battle given, and up to 2 P. M. all were occupied in clearing decks for action, preparing for landing men, and getting ready stream anchors for letting go astern; interspersed with the more exciting work of overhauling the trading junks.

At 2 P. M. the light squadron (under command of Capt. Kingston, *Perseus*) consisting of *Perseus*, *Medusa*, *Tancrède*, *Coquette*, *Argus*, and *Bouncer* weighed and took up position opposite the Chofu-point battery. The in-shore, or heavy, squadron, viz *Tartar*, *Dupleix*, *Metalen Kruis*, *Barossa*, *Djambi*, *Leopard*, weighed anchor, and anchored in position in front of the Mata-mura batteries, near Tanura village. The heavy squadron was led by that gallant officer, Captain Hayes, and in so skilful a manner as to call forth general expressions of admiration from the most experienced officers in the fleet.

At 4 P. M. the Admiral hoisted the signal to „engage the enemy," and opened fire on the Mata-mura batteries: the fire was almost simultaneously returned from the batteries; — the whole Allied fleet took up the note with one welltimed volley, and ere the second hand of the dial had once traversed the circle, the engagement became general. At 4.30 an explosion in a battery was observed to be produced by a shell fired from an Armstrong pivot-gun. At 4.43 the light squadron was ordered to close on the batteries: at 5.27 the Chofu-point batteries were silenced by the light squadron; at 7 the heavy squadron, which had been keeping up a constant and telling fire upon the front of the Mata-mura barracks ceased, those batteries being silenced. The little *Coquette* was seen flirting with N⁰. 6 battery. The shells both of the *Euryalus* and the *Semiramis* — as also the U. S. steamer *Ta-Kiang* with her 36 lb. Parrot-gun, working wonderfully well, and with great effect at long range all the while. During this part of the engagement, the *Metalen Kruis*, not being yet prepared to present her broadside, received a shot at her bows, which traversed the ship to her stern, killing two men and severely wounding two others. It was during the latter part of this day a very gallant exploit was performed by Captain Kingston, his 2nd Lieutenant Mr. Pitt, Sub-lieutenant Froude, Mr. Cochrane, gunner, and twenty men, seamen and marines of the *Perseus*, and Mr. de Hart and boat's crew of H. N. M.'s *Medusa*. Captain Kingston, seeing some time before dark to spare for good service, about 6.25 P. M. determined upon the attempt to render harmless the guns upon the Mata-mura batteries. As the first and second cutters were being lowered, and the above-named officers and the men taking their places „on this errand bent" Captain de Casembroot promptly sent his boat to assist, commanded by the gallant first Lieutenant of the *Medusa*, Mr. de Hart; they landed, spiked all the guns (14) in the fort, threw the powder and shot over the parapet, set a train to the magazine (which however missed) and then returned to their ships. The whole of this most important service having been performed under a sharp fire of musketry from the paddy-fields below and the neighbouring bush. One account we have of this little episode is certainly about as concise a compendium of it as was ever written by „the Duke" of the most gallant action performed in his army. It reads thus: —

„6.25 The *Perseus*' 1st and 2nd cutters landed to spike guns."

„6.45 The *Perseus*' cutters returned."

They returned! — but between the 6.25 and the 6.45 what had these gallant men accomplished? That which probably saved the lives and limbs of scores — may be of hundreds; — nay which no doubt *did* save their own noble ship itself; for, only a very few hours after this, the *Per-*

seus grounded right under these very forts, and from 10 A. M. on the following day (Tuesday) until 11 A. M. on Wednesday, there she lay, heeling over to starboard, sometimes 8° sometimes $10\frac{1}{2}$°, her hull exposed in a manner which must have been most tantalizing to the crews of the 14 heavy guns, the venom of whose fangs had so fortunately — and so nobly — been drawn just before. A great number of Nagato's men, well armed were in a position near the batteries, but their surprise appears to have been so intense at the very coolness of this proceeding, that their fire, though they kept blazing away from behind the bushes and hills in the rear, had but very little effect upon the landing-party. We hear that on passing along the line to their respective ships, both the gallant commanders, Kingston and de Casembroot, were received with vollies after vollies of cheers from all the ships they passed, echoed, and re-echoed by the others who had witnessed the exploit from a greater distance.

We believe it was in the course of this day that the *Tartar* behaved most nobly in protecting H. I. M.'s S. *Dupleix*, when her cable or chain was out of order, and the latter ship exposed to the concentrated fire of two heavy armed batteries. We, unfortunately, have not the full particulars of this affair. The success of this day seems to have been most complete. The *Tartar*, *Dupleix*, *Metalen Kruis*, *Barossa*, *Djambi*, and *Leopard* sustained throughout a heavy fire. The *Tartar* was hulled no less than twenty-three times. By one of the first shots her chain cable was shot away, and her main-yard also carried away. Her flag too was riddled. The *Metalen Kruis* — a shell burst on her bridge, kiling two men. The *Djambi*, no damage. The *Dupleix* was severely handled both in hull and rigging; she also had one man killed on the bridge. The *Barossa* was struck several times and had her rigging much cut. The *Leopard* was struck by both shot and shell, twice in her paddle-boxes.

It seems really wonderful considering the length of the action on this day, the short range, and the effect of the enemy upon the ships, that the casualties should not have amounted to a much greater sum.

Tuesday. 6th. The *Tartar* and *Dupleix* at anchor off Saho battery when they were at daylight saluted with a very heavy fire, by which the *Tartar* had several wounded; amongst them were her First Lieut. Brownlow, and the *Dupleix* had two killed and four wounded. The whole of the heavy division under Captain Hayes then took up another position. The *Euryalus* and *Semiramis* pitched in their heavy metal from long distance with their Armstrong pivot-guns, the little *Ta-Kiang* adding its service with its effective Parrot-gun.

At 7,15 men of the Marines under Colonels Souther, Penrose and Adair were landed. At the same time the *Euryalus* landed her small-arm men and marines under command of Captain Alexander, with a scaling-ladder party, under cover of the guns of the light division, under the direction of Captain Luard, *Conqueror*, the *Euryalus* meantime doing some splendid work with her upper-deck Armstrongs. At 8 the barracks at the rear of a battery were on fire, and immediately after this, and almost simultaneously with the capture of the Mata-mura forts, the Saho battery was in our hands. The marines went to work spiking the pieces and turning the enemy away from any position yet retained. They advanced to the farthest point, capturing all the guns and exploding the magazines, the Japanese meanwhile harrassing them with isolated skirmishers. Towards evening the marines were making ready for embarking in their boats, the French and Dutch having already embarked, when they were attacked by the battery of fieldpieces and tirailleurs, and some five or six hundred Yakonins, who were driven back upon a 7 gun stockaded barrackbuilding in the rear of the Mata-mura batteries. The stockade was immediately stormed by an advance of the two Battalions on right and centre, the bluejackets on the left, and after about half-an-hour's sharp practice, and a most gallant charge led by Captain Alexander, the enemy was routed out of it, and their stockade burnt. In this affair there were 8 killed and about 30 wounded. Amongst the latter is Captain Alexander, severely, by a musket ball which struck him on the ancle whilst gallantly leading on his men; Captain de Courcy, severely; Lieut. Inglis, severely; Col. Adair, slightly. The wounded were placed on board the *Ta-Kiang* where every comfort was provided, and the utmost attention paid to them. The *Euryalus* lost, in this affair, 3 men and nineteen wounded. Amongst the officers wounded were Lieut. Edwardes and Mr. Atkinson, (Midshipman), both slightly.

Whilst the British sailors and marines were thus occupied the French and Dutch landing-parties marched along the coast to the Saho battery, all the guns of which they spiked.

The forts and batteries are described as being „ very difficult to distinguish, as some were sunken and some hidden by the abundance of the vegetation. — Their position was a strong one, and they failed not to make the best use of the natural aptness of the ground for the purposes of fortification."

It was about 10 : 20 this day that the *Perseus* took the ground.

7th. Wednesday — The *Tartar*, *Dupleix*, *Metalen Kruis*, and *Djambi* steamed up to the town of Simonoseki, which appeared to be quite empty. The British Admiral's ship sending parties on shore to dislodge the guns and inter the dead.

8th. Thursday. — Working parties from all the ships were landed, with guards of marines, to embark the guns from the batteries. Great numbers of the Japanese soldiery were in the batteries when the landing was effected, but a heavy broadside from Captain Hayes' squadron caused an immediate vacation. In the batteries the bodies of several Japanese killed were found; also a number of Dutch books on Artillery, several bows, an immense number of arrows, — musketry, — a map, tracing out the position of the ships during the engagement up to the moment of their arrival before the batteries.

The British Admiral shifted his flag to the *Coquette*, and proceeded in her through the Straits. At 11 : 5 the *Perseus* with the assistance of the *Argus* and the g. b. *Bouncer* moved off into deep water.

At noon Choshiu showed a flag of truce, under protec_tion of which an emissary from the Prince went on board the Flag ship. He was at once recognised as one of the two of the Prince's retainers lately returned from Europe, and who were taken down in the preliminary trip of the *Barossa*. He had been but a short time with the Admiral, when the result of his visit appeared in a general signal to hoist flag of truce, obeyed, as one gentleman writes under the circumstance „a white-flag not appearing to form an item in the category of paraphernalia of H. B. M.'s Navy, with a variety of substitutes which conspicuously displayed the diversity of ways in which invention is inspired by her maternal relative, for one ship flies a table_cloth — another a shirt — a third a towel — a fourth a handkerchief — a fifth a pillow case, and two others are two sheets in the wind." It soon transpired that the capitulation was entire and unreserved. Nagato saying that he had had enough of the game, that he had received his orders, and had obeyed them to the best of his ability, but that he really was a great friend of the foreigners, and would never again fire upon such „honorable and brave men-of-war." After this many of the crews were occupied as working parties on shore bringing off the guns. We

have seen no official account of the number of these, but
believe they are to be thus counted.

From the	Chofu	Battery	5
„	„ Ravine	„	2
„	„ Mata-mura	„	18
„	„ Saho	„	15
„	„ Kybune Point	„	15
„	„ Stockade	„	7
			62

We read various accounts of the assistance rendered by
the Japanese in this work of dismantling the forts, from
some of which we gather that their offer of aid was quite
freely and spontaneously given, by others that it was on
the gentle hint that they had better „lend a hand" —
we incline from the whole, to the opinion that the former
statement is correct, for we have undoubted authority for
the statement, that whilst the crews of the *Amsterdam*
and the *Medusa* were preparing to embark the guns of
the Chofu and Ravine Batteries, nearly a thousand of
the *soldiers* of Nagato, unarmed, came to their assistance, saying „you must feel very tired after your work
of to-day, allow us to embark these guns," which they
accordingly did, and the boats left shore with their heavy
freight, the soldiery wishing them good-bye, *Sayonara
Matta mionittzie;* — seeming indeed, to be still more glad
to get rid of their old companions, than their late enemy.

And here our accounts, coming up to the 9th, terminate,
— with the satisfactory assurance — „The wounded pro-
gressing favorably.

„ALL THE GUNS AND MORTARS ON BOARD THE FLEET
62 IN NUMBER."

We believe the under return of KILLED and WOUNDED
to be nearly correct. The official returns have not yet
come in.

In the British Forces.

KILLED.

Euryalus,	5
Conqueror,	2
Battalion of Marines,	1
	8

WOUNDED.

Euryalus,	18
Battalion of Marines,	13
Conqueror,	4
Tartar,	10
Barossa,	1
Leopard,	2
Bouncer,	1
Perseus,	2
	51

In the French Forces.

KILLED.

Dupleix,	2

WOUNDED.

Dupleix,	4

In the Dutch Forces.

KILLED.

Metalen Kruis,	2

WOUNDED.

Metalen Kruis,	1

MISSING.

Amsterdam,	1

RECAPITULATION.
KILLED.

British,	8
French,	2
Dutch,	2
	12 Total of Killed.

WOUNDED.

British,	51
French,	4
Dutch,	1

56   Total of Wounded.

MISSING.

Dutch,   1

We learn that on the opposite coast of Buzen there were enormous crowds of spectators of the fight, who were laughing and shouting, and appeared to enjoy the proceedings enormously, and who were in perfect raptures when they saw the foreign Jacks planting their flags upon the batteries. Nearly opposite to Hikosima there is a large battery of 10 pieces, well manned, which was a silent member throughout.

We hear further that Admiral Kuper, Commanding-in-Chief, has praised highly the services, not only of his own ships and men, but, in no less glowing terms those of the French Forces, the splendid firing of the *Semiramis* coming in for especial mention. He has also specially mentioned the exactness and punctuallity with which his orders were fulfilled by the Dutch Commanders and officers, and the gallant behaviour of the men.

Bijlage II.

Rapport van den Engelschen Vice-Admiraal
A. Kuper aan de Engelsche Admiraliteit.

Euryalus, *Straits of Simonoseki*, September 15, 1864.

Sir,

I acquainted the Lords Commissioners of the Admiralty briefly in my letter of the 10th instant, with the successful result of the operations of the allied squadrons in the Straits of Simonoseki, and I have now the honour of reporting, in detail, for their Lordships' information, the progress of events subsequently to the 29th ultimo, the day of our departure from Yokohama.

2. The *Perseus* having joined my flag in the entrance to the Boungo Channel, with a large collier in tow from Shanghae, and the *Coquette* arriving at the rendezvous on the 4th from Nangasaki, the force by which the operations were conducted, consised of the undermentioned ships, viz.:—

British. — *Euryalus*, *Tartar*, *Conqueror*, *Barossa*, *Leopard*, *Argus*, *Perseus*, *Coquette*, *Bouncer*, and the battalion of Royal Marines.

French. — *Semiramis*, screw, 35 guns, flag of Rear-Admiral Jaurès; *Dupleix*, screw, 10 guns; *Tancrède*, screw, 4 guns, despatch vessel.

Dutch. — *Metalen Kruis*, screw, 16 guns, senior officer's ship; *Djambi*, screw, 16 guns; *Amsterdam*, paddle, 8 guns; *Medusa*, screw, 18 guns.

And the United States' chartered steam-vessel *Takiang*, with an officer, a party of men, and a gun of the United States' corvette *James Town*.

3. The whole squadron having assembled at the Island of Himesima, in the inland sea (the appointed rendezvous), left that anchorage at 9 A.M. on the 4th instant, and steered for the entrance to the Straits of Simonoseki, anchoring in the afternoon out of range of the batteries.

4. The accompanying tracing of the chart of the Straits will explain to their Lordships the position and strength of the batteries as described thereon by Major Wray, Royal Engineers; the batteries being referred to in this despatch by numbers corresponding with those on the plan.

5. Having, in company with Rear-Admiral Jaurès, reconnoitred the position of the batteries belonging to the Prince of Choshiu, it was arranged that the attack should be made on the 5th instant as soon as the tide served, and at 2 P.M. the signal was made for the ships to take up their positions.

As soon as this was accomplished the action was commenced from the bow gun of the *Euryalus*, and the fire was smartly returned and kept up with much spirit by the Japanese batteries. At about 4.30 P.M. the fire from Nos. 4 and 5 batteries evidently slackened, and shortly afterwards ceased altogether; and by 5.30 batteries Nos. 6, 7 and 8 were also silenced. The day was now too far advanced to admit of the landing parties being disembarked, but the *Perseus* and the Dutch corvette *Medusa*, being very close to battery No. 5, and, it being too dark to signalize for instructions, Commander A. J. Kingston, with Lieutenant F. J. Pitt, and a party of men from the *Perseus*, followed by Captain de Casembroot and Lieutenant de Hart, of the *Medusa*; gallantly landed, spiked most of the guns in that battery, and returned to their ships without casualties of any sort, thus rendering very valuable service.

6. The positions taken up by the allied squadron in this afternoon's engagement were as follows: — the advanced squadron, under the command of Captain J. M. Hayes, consisting of the *Tartar*, *Dupleix*, *Metalen Kruis*, *Barossa*, *Djambi*, and *Leopard*, moved into the bay off the village of Tanoura, as shown on the plan, within easy range of batteries 3 to 9 inclusive, while the *Euryalus* and *Sémiramis* opened fire upon the same works: the light squadron under Commander Kingston, consisting of the *Perseus*, *Medusa*, *Tancrède*, *Coquette*, and *Bouncer*, were directed to take the batteries in flank; the *Argus* and *Amsterdam* being at first kept in reserve to render assistance to any ship that might be disabled or grounded, were afterwards ordered to close and engage; and the *Conqueror* having the battalion of Marines on board, was, in consequence of the difficult navigation, directed to approach only sufficiently near to admit of her Armstrong guns bearing on the nearest batteries. During this operation the *Conqueror* grounded twice on a knoll of sand, but came off again without assistance and without sustaining any damage. The *Takiang* also fired several shots from her one Parrot gun, doing good service. The *Coquette*, towards the close of the engagement, was withdrawn from her position with the flanking squadron, and sent to assist the foremost of the advanced corvette squadron, a service which Commander A. G. R. Roe performed with great promptness.

7. At daylight on the 6th instant, No. 8 battery again opened fire upon the advanced squadron, doing some damage to the *Tartar* and *Dupleix*; but on the squadron returning the fire, the battery was soon silenced, and only an occasional straggling shot was fired from it afterwards. The arrangement for the disembarkation having been completed, the allied forces, composed of the small-arm companies of the *Euryalus* and *Conqueror*, under the command of Captain J. H. J. Alexander, of the *Euryalus*,

the battalion of Marines and Marines of the squadron under that of Lieutenant-Colonel W. G. Suther, and detachments of 350 French and 200 Dutch seamen and Marines, the former under the command of Captain du Quilis and Lieutenant Layrle, Chef d'Etat-Major, and the latter under that of Lieutenant Binkis, were distributed in the boats of the squadron, and towed to the opposite shore by the *Argus*, *Perseus*, *Coquette*, *Tancrède*, *Amsterdam*, *Medusa*, and *Takiang*; the *Bouncer* assisting to cover the landing, which was effected without accident, under the able superinten- dence of Captain W. G. Luard, of the *Conqueror*, assisted by Commander E. T. Nott, of that ship; and the force proceeded, under my personal directions, to assault and take possession of the principal batteries, which was accom- plished with only trifling opposition. All the guns having been dismounted and spiked, carriages and platforms burnt, and magazines blown up, and deeming it inexpedient, from the very rugged and almost impenetrable nature of the country, to retain possession of any post on shore during the night, I directed the whole force to re-embark at 4 P.M.

8. The French and Dutch detachments were already in their boats, when the Naval Brigade, stationed at battery No. 5, was suddenly attacked by a strong body of Japanese assembled in the valley in the rear of the battery. Colonel Suther's battalion of Marines coming up at this moment, a joint attack was immediately organized, and the enemy driven back upon a strongly placed stockaded barrack, from which they were dislodged after making a brief but sharp resistance, leaving seven small guns in our possession. I regret to say that Captain Alexander, whilst gallantly leading his men to the attack of the stockade, received a severe wound in the foot, and many other casualties also occurred in this attack. The whole force having then been ordered to embark, reached their ships without accident, notwithstanding the violence of the currents, which presents

serious obstacles to any operations in these Straits.

9. During this day's action I noticed with great pleasure the coolness and gallantry of the Naval Brigade, under Captain Alexander, the excellent discipline, and steady bearing under fire, of the battalion of Marines under Colonel Suther, ably supported by Lieutenant-Colonels P. C. Penrose and C. W. Adair; and I observed with satisfaction the readiness with which the French and Dutch brigades occupied their assigned positions. It was, however, a source of regret to me that the embarkation of our allies prevented their taking part in the gallant affair at the enemy's stockade.

10. The *Perseus*, whilst covering the landing on the morning of this day, was driven on shore by a strong eddy of the current, and, resisting all efforts to get her off, she remained fast until midnight of the following day (7th), when, having been considerably lightened, she was towed off under the judicious management of Commander John Moresby, of the *Argus* (paddle steam), and apparently without damage.

11. The batteries, from Nos. 1 to 8 inclusive, being now entirely in our possession, large working parties were landed early on the morning of the 7th, and commenced embarking the guns captured on the previous days; and during the afternoon the *Tartar*, *Metalen Kruis*, *Djambi*, and *Dupleix*, moved round to the westward of Mozi Saki Point, preparatory to an attack on batteries Nos. 9 and 10.

12. On the 8th instant, I shifted my flag to the *Coquette* (Admiral Jaurès accompanying me), and proceeded, in company with the four ships named in the last paragraph, then composing the advanced squadron, to open fire upon batteries Nos. 9 and 10. The fire not being returned, parties were shortly afterwards landed from the squadron to destroy the batteries and embark the guns, the whole of which was effected by the evening of the 10th, and all the guns are now on board the ships of the allied squadrons; the

embarkation of the guns, consisting of sixty-two pieces of ordnance, of various sizes, a work of much labour and difficulty, was very efficiently performed, under the directions of the Captains of the allied squadrons. Captain William Dowell, of the *Barossa*, who had charge of the embarkation of one of the principal batteries, has brought to my notice the zealous assistance rendered by Lieutenants W. H. Cuming, of the *Barossa*, and R. E. Tracey, of the *Euryalus*, and by Lieutenant Costa, of the *Sémiramis*, which contributed largely to the success of the undertaking.

13. I forward, for their Lordships' favourable notice, copies of letters I have received from Captains Hayes and Alexander, Lieutenant-Colonel Suther, Commanders Moresby and Kingston, and the Surgeon of my flag-ship; and would beg leave to draw attention to the testimony borne by them respectively to the conduct of various officers and men whose duty was performed under their immediate directions, and in which I desire to assure their Lordships that I fully concur.

14. In addition to these reports it is my pleasing duty to record the high sense I entertain of the skill and gallantry displayed by the entire force under my command during the operations above described. Of the fire maintained by the *Tartar*, in the conspicuous position I had assigned to Captain Hayes, as the Senior Captain, and of the gallant manner in which he was supported by Captain Franclieu, of the *Dupleix*; Captain de Man, of the *Metalen Kruis;* Captain W. M. Dowell, of the *Barossa;* Captain van Rees, of the *Djambi;* and Captain C. T. Leckie, of the *Leopard*, I cannot speak too highly. I beg leave also to bring under their Lordships' notice the zeal and activity displayed by Captein W. G. Luard, of the *Conqueror*; Captain J. H. J. Alexander, of the *Euryalus;* Lieutenant-Colonel W. G. Suther, commanding Royal Marine Battalion; Commander John Moresby, of the *Argus;* Commander Augustus J. Kingston, of the *Perseus;* Commander E. T.

Nott, of the *Conqueror;* Commander Jas. E. Hunter, of the
Euryalus; Commander A. G. R. Roe, of the *Coquette;*
Lieutenant H. L. Holder, commanding the *Bouncer;* and
Lieutenant Rd. H. Harington, of the *Euryalus,* who
succeeded to the command of the Naval Brigade on Captain
Alexander being wounded; as well as Captain du Quilio,
of the *Sémiramis;* Captain Muller, of the *Amsterdam;*
Captain de Casembroot, of the *Medusa;* and Lieutenant
Pallu, commanding the *Tancrède;* and I have to thank
Lieutenant Pearson, of the United States' Navy, for the
efficient assistance rendered by him in the chartered steam-
vessel *Takiang,* in towing boats, and subsequently consenting
to receive on board the wounded men of the squadrons.

15. To the hearty co-operation and cordial goodwill
displayed by Rear-Admiral Jaurès, during the preparations
for and the progress of these operations, I am deeply
indebted. I have endeavoured to express to that officer the
satisfaction I have felt in having been associated with him
in the conduct of this affair, and my appreciation of the
good service rendered by the able and efficient force under
the Rear-Admiral's command. I have also conveyed to
Captain de Man, the Senior Officer of His Netherlands
Majesty's ships, my thanks for the efficient co-operation
and assistance of the squadron under his command, as well
as to Lieutenant Pearson, of the United States' Navy, for
the readiness with which he has sought to carry out my
wishes on all occasions. Without the cheerfully-rendered and
able support of these officers, and the perfectly good under-
standing which has prevailed throughout the allied squadron,
the very rapid and brilliant successes that have attended
our operations could scarcely have been secured without
greater losses and considerable delay; and I trust that the
satisfactory result will receive the approbation of their
Lordships.

16. enz.

21. Since the conclusion of these operations, I have satisfied myself, by personal examination of the entire Straits, that no batteries remain in existence on the territory of the Prince of Choshiu, and thus the passage of the Straits may be considered cleared of all obstructions.

22. On the 8th instant, whilst the demolition of the batteries and the embarkation of the guns were in progress, an Envoy of the Prince of Choshiu came on board my flagship, under a flag of truce, charged, as he informed me, with instructions from the Prince to negotiate for a termination of hostilities. He produced documents said to have been written by command of the Prince of Choshiu, and stated that no opposition would henceforth be offered to the free passage of the Straits. The Envoy also exhibited copies of letters to substantiate the statement, that, in the various acts of hostility towards foreign flags recently carried into effect, the Prince had acted under the direct authority of the Mikado and of the Tycoon.

23. Having conferred with Rear-Admiral Jaurès, who was present at the interview, it was determined that, to convince us of the sincerity of the Prince's desire for peace, it was indispensable that we should receive a written requisition, under his own hand, to that effect; and the Envoy having observed that an interval of two days would be required to obtain the desired communication, a suspension of hostilities for that time was agreed upon, and the squadrons were immediately directed to hoist flags of truce. It was, however, stipulated that the armistice should not interfere with the work of embarking the guns from the batteries, then in progress, and it was accordingly proceeded with and completed, as previously described.

24. True to the time named, at noon on the 10th instant, the Chief Councillor of the Prince of Choshiu (Mori Idzumo) came on board the *Euryalus*, and placed before me a despatch from the Prince (identical despatches

being also brought for the senior officers of the allied squadrons).

25. The very satisfactory character of the Prince's written communication, and its humble tone, afford, in the opinion of Rear-Admiral Jaurès and myself, reasonable grounds for the presumption that, apart from the brilliant success achieved in a military point of view, and the great extent of the injury inflicted upon the Prince of Choshiu, his power and prestige (advantages of an important nature in a political sense) may very possibly result from the presence of the allied squadrons in these Straits. I have duly informed Sir Rutherford Alcock of these events, and have placed at his disposal the means of communicating with me here should he desire to do so.

26. A personal inspection of the Straits of Simonoseki has convinced me of the inexpediency, with the means at present available, of holding any position, either on an island or on any portion of the mainland in the vicinity of the Straits. I do not, therefore, purpose carrying into effect that portion of the programme of the Diplomatic Representatives forwarded with my letter of the 28th ultimo. It is, however, my intention to maintain possession of the Straits by leaving here an English, a French, and a Dutch vessel of war, until the relations between the Tycoon's Government and those of the Treaty Powers, with regard to this portion of the territory of the Prince of Choshiu, have been arranged on a satisfactory footing; the presence of the ships will, at the same time, afford a guarantee against the erection of batteries, which the Prince has engaged should not be again undertaken. I have subsequently had a further interview with the Envoys of the Prince of Choshiu, who have agreed, on behalf of the Prince, to the terms proposed to them as the conditions of the cessation of hostilities, which will ensure the Straits remaining open for the future: the ratification of the Prince being now all that is

required to complete the object for which the allied forces came to these Straits.

27. In conclusion, I have only to express my hope that the operations I have had the honour of describing, and the results obtained, may receive the approbation of their Lordships and of Her Majesty's Government.

I have, &c.

(*Signed*) AUGUSTUS L. KUPER.

Bijlage III.

Rapport van den Stations-kommandant J. E. de Man, aangaande het forceren van de straat van Simonoseki (voorkomende in de Ned. Staats-courant van 10 November 1864, n°. 267).

Aan boord Zr. Ms. stoomschip Het Metalen Kruis.

Straat van Simonoseki, *den* 10*den September* 1864.

Ik haast mij om Uwe Excellentie het heugelijke berigt mede te deelen, dat de Straat van Simonoseki, na drie dagen vechtens, door de vereenigde eskaders van Engeland, Frankrijk en Nederland is geopend en de vorst van Nagato zich geheel heeft onderworpen.

Een gedetailleerd rapport omtrent deze gewigtige zaak thans in te zenden is mij, uit hoofde van tijdsgebrek en het nog niet ontvangen van de bijzondere rapporten der kommanderende officieren, niet doenlijk en bepaal mij dus tot eenige hoofdpunten.

Nadat de Taïkoen geweigerd had de door de Japansche gezanten in Frankrijk gesloten conventie tot het openen der Binnenzee te ratificeren, werden de verschillende krijgsmagten uitgenoodigd met geweld de Straat van Simonoseki te gaan openen.

Zondag 28 Augustus verliet het Nederlandsche eskader en Maandag 29 Augustus het Engelsche en het Fransche de reede van Yokohama, door het Bungo-kanaal koers stellende naar de Binnenzee. Als rendez-vous-plaats was aangewezen het eiland Hima-Sima.

Het schoonste weder begunstigde dezen togt, zoodat de geheele vloot, bestaande uit 9 Engelsche, 3 Fransche en 4 Nederlandsche schepen, benevens een particulier stoomschip om de Amerikaansche vlag te toonen, den 3den September des avonds voor gemeld eiland ten anker lag.

In den morgen van den 4den September deed de Engelsche Admiraal sein naar de Straat, tot in de nabijheid der vijandelijke forten op te stoomen; dit geschiedde in drie kolonnes; regter kolonne: Nederlandsche schepen, centrum: Engelsche schepen, linker kolonne: Fransche schepen.

Toevallig was juist die dag de verjaardag van onzen geliefden Prins van Oranje. De geheele vloot had de Nederlandsche vlag van den top geheschen, en onder het spelen van onze volksliederen op de Fransche en Engelsche Admiraalsschepen, verlieten wij statig de ankerplaats van Hima-Sima.

Den vijfden in den namiddag kregen de Engelsche korvet *Tartar*, de Fransche korvet *Dupleix*, het Nederlandsche stoomschip *Metalen Kruis*, de Engelsche korvet *Barossa*, het stoomschip *Djambi* en het Engelsche stoomschip *Leopard*, in last voor de twee groote vijandelijke batterijen post te vatten. Eene tweede divisie, waaronder de *Medusa* behoorde, moest als flank-divisie ageren.

Hoewel de meeste schepen nog niet slaags waren, werd om 4 ure door den Engelschen Admiraal het sein gedaan het vuur te openen; hetzelve werd dadelijk door de Japansche batterijen met kracht beantwoord. Het stoomschip *Metalen Kruis* ontving de eerste laag van hunne wel gerigte stukken, toen wij nog bezig waren het schip dwars te halen.

De enfileerschoten, die de geheele lengte van het schip doorliepen, waren moorddadig; zij verbrijzelden in hunne vaart alles wat zij ontmoetten. Reeds dadelijk werden gedood de matrozen 3de klasse C. Tassel en D. de Vries, terwijl de marinier J. G. van der Kamp zwaar en de mariniers de Witte en Vermeulen ligt gewond werden.

Slaags liggende, ontving het schip nog verscheidene

schoten in romp, verschansing en tuig, maar geen der equipage werd meer gedood of gewond.

Vijf en dertig minuten werd het geweldige vuur der zes korvetten krachtdadig door de Japanners beantwoord, doch spoedig hierna verflaauwde het laatste, tot het geheel ophield. Alstoen naderde het flank-eskader, dat met de in front liggende korvetten al de Japanners uit hunne batterijen deed vlugten. De voorste batterij werd dienzelfden avond nog door de Engelsche korvet *Perseus* en de *Medusa* vernageld, waarbij de *Medusa* zeer veel eer inlegde.

Den 6den September, met het aanbreken van den dag, werd het vuur uit de meer binnenwaarts liggende batterij door de Japanners op nieuw geopend en bragt hetzelve veel schade aan de *Tartar* en *Dupleix* toe; het werd echter met kracht door die schepen beantwoord.

Inmiddels waren de daartoe bestemde troepen van de schepen geland en rukte een gedeelte en tirailleur de bergen in; een ander gedeelte rigtte zijnen weg langs het strand naar de van tijd tot tijd nog flaauw vurende binnenwaarts gelegen batterijen; toen ontaarde alles in eene generale vlugt, en trokken de troepen verder langs het strand, ondersteund door de gewapende sloepen, op de poorten van Simonoseki aan, uit welke stad uit eene kleine veldbatterij eenige schoten gedaan werden. Eenige huizen werden door het vèr dragend geschut van de *Semiramis*, de *Tancrède* en de gewapende sloepen in brand geschoten, doch de Engelsche Admiraal vermeende, uit hoofde van het late uur, dien dag niet verder te moeten voortrukken, en gaf last tot het embarqueren der troepen.

De 7den September kregen de korvetten *Tartar*, *Dupleix*, *Metalen Kruis* en *Djambi*, als de voorhoede, in last het naauw van de Straat door te stoomen en voor de hoofdstad Simonoseki post te vatten.

Zoo lang er van de stadszijde geene vijandelijkheden gepleegd werden, moest zij gespaard worden.

Den 8sten stoomden de vier laatstgenoemde korvetten verder de Straat in, naderden langzamerhand de twee groote batterijen op het eiland Hiko-Sima, welke batterijen alsnu met kracht beschoten werden, doch waar geen enkel schot van terug viel.

Des middags ongeveer 12 ure lieten de *Tartar*, *Dupleix*, *Metalen Kruis* en *Djambi* het anker voor deze batterijen vallen.

Na het schaften der equipage werd er door de drie natiën gezamenlijk eene landing gedaan, de respective vlaggen werden naast elkander op de batterijen geheschen, en de stukken vernageld.

Deze twee batterijen, welke gezamenlijk uit 16 stukken bestonden, werden nog dienzelfden middag aan boord gescheept en de vestingwerken door mijnen en brandstichting vernield.

In den loop van dien dag kwam er op het Engelsche Admiraalsschip eene deputatie van den vorst van Nagato met verzoek om de vijandelijkheden te staken, waarop al de schepen de witte vlag heschen.

Geene batterijen meer op het eiland Hiko-Sima zijnde, retourneerde het zoogenaamde advanced-squadron, waartoe de *Metalen Kruis* en de *Djambi* de eer hadden te behooren, naar zijne vroegere ligplaats voor Simonoseki, waar ook heden een groot gedeelte van het vereenigde eskader het anker liet vallen.

Ten 12 ure kwam eene nadere deputatie van den prins van Nagato aan boord van het vlaggeschip *Euryalus* zich aanmelden, voor ieder der senior-officieren van de verschillende eskaders eenen brief van geheele onderwerping van dien prins medebrengende, doch waarin tevens kennis gegeven werd, dat het sluiten van de Straat en het schieten op verschillende schepen ten vorigen jare geheel op last van den Taïkoen en den Mikado was geschied en hij dus in deze zaak niet anders dan de bevelen zijner chefs had opgevolgd.

Behalve het nemen van 75 metalen stukken van groote

waarde, en waarvan sommige zeven ton wegen, is voorloopig de geheele opening der Straat en twee millioen voor het niet in brand schieten der stad als voorwaarde van oorlogskosten gesteld.

Door de *Metalen Kruis* zijn op den eersten dag in anderhalf uur 60 granaten met het getrokken geschut, 45 met kogels à 30 pond en 9 Bourbons gedaan, welke schoten, niettegenstaande het hevige vuur, met de meeste bedaardheid gerigt werden, en grootendeels het doel troffen. De puntgranaten vooral hebben het schoonste effect gedaan; door hare wildheid echter zijn 7 broekings vernieuwd moeten worden, en vrees ik, dat dit geschut hoe vèr dragend en ook juist schietende, op den duur niet tegen aanhoudend schieten bestand zal zijn.

De *Amsterdam*, welke bij de reserve behoorde, heeft den tweeden dag uitmuntende diensten bewezen met zijne tachtigponders bij het debarqueren der troepen, en de *Medusa* heeft zich dien dag weêr bijzonder onderscheiden.

Zoo als ik in het begin van mijnen brief zeide, de officiële rapporten der drie kommanderende officieren nog niet ontvangen hebbende, zoo hoop ik in een volgend schrijven Uwer Excellentie hunne bewegingen en verrigtingen nader mede te deelen.

Ik kan echter Uwer Excellentie de verzekering geven, dat zoowel de Engelsche als de Fransche Admiraal mij heden morgen hunne hooge tevredenheid over het Nederlandsche eskader hebben betuigd, met bijvoeging zij zulks aan hunne regeringen zouden kenbaar maken.

Wat het terugzenden der schepen naar Java betreft, zulks zal in de eerste twee maanden nog niet wel plaats kunnen hebben, daar bij den Engelschen Admiraal het voornemen bestaat om door de Binnenzee langs Osacco en het Kino-kanaal naar Yokohama terug te keeren, en den wereldhandel van het geheimzinnige Japan alsnu voor goed voor alle natiën te openen.

Ten slotte heb ik hier nog mede te deelen, dat de barkas van de *Medusa* bij het debarqueren door den fellen stroom met een man er in is weggedreven en dadelijk door den vijand is vermeesterd geworden.

Bij de laatste batterij op het eiland Hiko-Sima stond dezelve vol met gaten aan het strand; ik heb ze met lappen lood laten digt maken en naar de *Medusa* doen terugbrengen.

De Engelsche Admiraal heeft den zich daarin bevindenden matroos Mastenbroek van de *Amsterdam*, de wapens en vlag op staanden voet teruggeëischt.

Of de man dood of levend was, hier wilden zij niet voor uitkomen, maar ik denk wel dat zij hem vermoord zullen hebben, daar ik heden avond de vlag, het geweer en het goed van den man heb teruggekregen.

Bij de geheele expeditie zijn van de verschillende eskaders en landingstroepen 12 dooden en 33 gekwetsten.

In de hoop dat Zijne Majesteit onze geëerbiedigde Koning en het vaderland de handelingen en verrigtingen van het Nederlandsche eskader zullen goedkeuren, heb ik de eer te zijn, met de meeste gevoelens van hoogachting,

Uwer Excellentie's onderdanige dienaar,

De Kapitein ter Zee,

Stations-kommandant in de wateren van Japan,

(*get.*) J. E. DE MAN.

Bijlage IV.

Rapport van den Kapitein-Luitenant ter zee
Muller, aan den Kapitein ter zee, Stations-
kommandant in de wateren van Japan, te
Simonoseki (overgenomen uit de Ned. Staats-
courant van 8 December 1864, . n⁰. 291).

Aan boord van Zr. Ms. stoomschip Amsterdam.

Straat van Simonoseki, den 11 *September* 1864.

Ik heb de eer U HoogEdel Gestrenge omtrent de verrigtingen van mijnen onderhebbenden bodem gedurende de
operatiën tegen Simonoseki het volgende te rapporteren:

Ten gevolge der beschikking van den Engelschen Admiraal ontving de *Amsterdam* des morgens van den 5den September jl. de sloepen der Nederlandsche schepen in bewaring, en volgde in den namiddag, terwijl de batterijen door
de daartoe bestemde divisiën werden beschoten, op sein van
den Admiraal, de *Euryalus*, naar mate dat vlaggeschip
verder naar binnen stoomde.

Een paar schoten met de tachtigponders werden toen
gedaan op de batterij van Krise Saki, doch de afstand, 13
of 14 kabellengten, was te groot om veel effect te kunnen
verwachten, en ik wilde geene ammunitie verspillen.

Bij de *Euryalus* ten anker gekomen, zond ik des avonds
de sloepen naar hare respective schepen terug.

In den vroegen morgen van den 6den ontving ik de
mondelinge order van den Admiraal om deel te nemen aan
de voor dien dag bepaalde algemeene landing en verder de
gelande manschappen te helpen dekken.

Alles daartoe gereed zijnde, werd ten 8¹/₂ ure het anker geligt en in gezelschap van de *Argus*, *Medusa*, *Perseus*, *Tancrède* en *Ta-Kiang* met de sloepen op sleeptouw naar den overwal gestoomd en de gezamenlijke manschappen ten getale van ongeveer 1200 in de beste orde voor de op den vorigen avond vermelde groote batterij gedebarqueerd. Van de *Amsterdam* namen daaraan deel 60 onderofficieren en manschappen onder den Luitenant ter zee 2de klasse J. Vriemoet Drabbe en de adelborsten L. Backer Overbeek en H. H. Hora Siccama.

Van de gelanden bleef een sterk detachement Engelschen en Franschen de batterij bezet houden; terwijl de hoofdtroep spoedig den weg naar de tweede groote batterij insloeg; ook daar werd een detachement, waaronder de Hollanders, achtergelaten, en verder naar Simonoseki opgemarcheerd.

Door den fellen stroom geraakte de *Amsterdam* een oogenblik tegen den wal, doch kwam gelukkig onmiddellijk weder vlot.

De *Perseus*, minder gelukkig, bleef voor de eerst genoemde batterij vast zitten, waarom ik bij haar ankerde tot bescherming van dat schip, zoo ook van de Engelschen en Franschen aan den wal, die aanhoudend door den vijand uit het bosch en de nabij gelegen kampong met geweer- en granaatvuur verontrust werden. Tot hunne dekking liet ik toen gestadig met granaten van 22 en 16 duim over de batterijen henen vuren, en werd bij het eerste schot uit den voorsten tachtigponder de kampong door den luitenant 2de klasse J. C. E. Coster van Voorhout, in brand geschoten, zonder evenwel den vijand te kunnen verjagen, die, in het hooge hout verborgen, telkens terugkeerde en zoowel op de gedebarqueerden als op de schepen, met name de *Amsterdam*, *Perseus* en *Argus*, een somtijds vrij levendig geweer- en granaatvuur onderhield, dat ons echter geene schade toebragt, hoewel de kogels over den bak, de brug en het halfdek snorden.

Wij deden op deze wijze gedurende den voor- en namiddag 16 schoten met granaten à 22 duim, 16 met granaten à 16 duim en 8 met kogels à 30 pond.

In den achtermiddag beproefde ik de *Perseus* van den wal te halen en ankerde daartoe kort bij haar, gevende haar een zwaren kabel; ons anker slipte echter bij het doorhalen van den kabel, waardoor wij met den stroom bijna weder tegen den wal geraakten, waarom ik den tros liet losgooijen en voor het oogenblik daarvan afzag, ankerende weder een weinig uit den wal.

Dit alles geschiedde onder het geweervuur van den vijand.

De *Argus* beproefde daarna de *Perseus* te helpen, doch evenzeer zonder gevolg. Ten 4 ure keerde de landings-divisie aan boord terug, hebbende gezamenlijk met de Engelschen en Franschen al de stukken der batterijen ver-nageld, het materieël vernield en de voorstad van Simono-seki in brand gestoken.

De Engelsche mariniers bestormden en vermeesterden, al-vorens te embarqueren, de in het gebergte gelegen batterij, die den ganschen dag de troepen verontrust had, hetwelk niet zonder aanmerkelijk verlies van hunne zijde plaats had.

Van de *Amsterdam* werd één man, de matroos 2de klasse C. Mastenbroek, vermist.

Ik bleef bij de *Perseus* ten anker, met de *Argus* en *Co-quette*, tot beveiliging van dat schip.

Gedurende dezen dag ondervond ik van de officieren en de geheele equipage de meest cordiale medewerking, en deed bepaald een ieder wat in zijn vermogen was, heerschende aan boord de beste orde, met de volkomenste bereidvaar-digheid en vurigen ijver voor elke dienst.

Den 7den zond ik op order van U HoogEdel Gestrenge de landingsdivisie aan den wal tot verdere vernieling van het materieël der batterijen en inscheping der stukken, die ech-ter voor onze sloepen te zwaar waren, zoodat slechts één metalen mortier van 20 duim werd aan boord gebragt.

Ik bleef ter zelfde plaats liggen, niettegenstaande den fellen stroom, uit hoofde de *Perseus* nog aan den grond zat, waaraan de *Argus* en *Léopard* vergeefs hare krachten ter afbrenging aanwendden.

In den nacht geraakte eindelijk dat schip weder vlot, waarop ik den volgenden voormiddag de ankerplaats voor de batterij verliet en naar den zuidelijken overwal stoomde, aldaar in de nabijheid der Admiraalsschepen en der *Medusa* en *Perseus* ankerende. Eenige schade aan schip en voortuig, door het voor den boeg drijven van de *Argus* en *Coquette* veroorzaakt, werd gerepareerd en 's namiddags ten 2 ure op sein van den Admiraal de witte vlag aan den grooten top geheschen.

Dien dag werd voortgegaan met vernielen van materiëel en werden 30 granaten à 22 duim met daarbij behoorende klossen, volkomen geschikt voor onze tachtigponders, aan boord gehaald.

Gisteren den 9den werd in den voormiddag, op last van den Admiraal, het anker geligt en met de *Perseus*, *Medusa* en *Bouncer* naar de batterij op den hoek van Krise Saki gestoomd, van waar wij te zamen afhaalden 4 metalen en 1 ijzeren stuk, die door de Japanners zelven naar de sloepen gebragt werden, en van welke de *Amsterdam* een metalen 6ponder met landings-affuit inscheepte.

's Namiddags keerden wij naar de vorige ankerplaats bij kampong Tanoura terug, alwaar ik op dit oogenblik nog lig, hebbende dezen dag, Zaturdag, besteed tot schoonmaken en in orde brengen van schip en bewapening, zoo ook tot het overbrengen van het waarloos rustanker onder de kraan ter vervanging van het B. B. zwaar anker, waarvan de hand, waarschijnlijk bij het voor den boeg drijven der beide Engelsche schepen, is afgescheurd.

Overigens bevinden zich schip en equipage in goeden staat.

De Kapitein-Luitenant ter zee, Kommandant,
(get.) MULLER.

Bijlage V.

Rapport van den Kapitein-Luitenant ter zee, P. A. van Rees, aan den Kapitein ter zee, Stations-kommandant in de wateren van Japan (over-genomen uit de Ned. Staats-courant van 8 December 1864, n⁰. 291).

Aan boord van Zijner Majesteits stoomschip Djambi.

Straat van Simonoseki, *den* 11 *September* 1864.

Ik heb de eer U WelEd. Gestr. te rapporteren, dat ik met mijn onderhebbenden bodem op Maandag 5 September a/m ten 2 ure en 15 minuten het anker heb geligt en, volgens ontvangen order van den Engelschen Admiraal, mij gevoegd hebbende bij het eskader, waarvan de *Tartar* de leider zoude zijn, gestoomd heb achter de *Barossa* aan; ten $2^3/_4$ ure alarm heb gemaakt en tegen 4 ure op een halven kabel achter mijn voorman ben ten anker gekomen, on-middellijk een werp uitbrengende en het achterschip dwars halende. Ten $4^1/_4$ ure de Engelsche Admiraal sein doende met een scherp schot op de batterijen op den vasten wal, zoo werd aan boord van de *Djambi* dat voorbeeld gevolgd en daarmede voortgegaan tot $5^1/_4$ ure, toen de vijandelijke batterijen tot zwijgen waren gebragt.

Hoewel 6 kogels den romp raakten, vele andere door het tuig gingen, een paar einden loopend touwwerk afschietende, en een granaat geen 8 ellen van het middenschip sprong, waarvan de stukken tegen boord vlogen, zoo had de *Djambi* het geluk geen enkelen doode of gekwetste te bekomen, bepalende de schade zich tot een afgeschoten rustijzer en een gat in den romp, terwijl de overige kogels op de geïmproviseerde pantsering van kettingkabels afstuitten. Het is mij een aangenamene pligt U WelEd. Gestr. te kunnen rapporteren, dat gedurende het gevecht de beste orde en bedaardheid heerschten, zoodat als het ware elk schot kon worden nagegaan en geverifieerd. Een ieder op zijn post, en inzonderheid de 1ste officier, hebben hunnen pligt betracht. Er zijn gedurende dit gevecht verschoten 54 puntgranaten, 83 kogels en een granaat van 16 duim; de distantie liet niet toe om met goed succes van gewone granaten gebruik te maken. Hoewel de getrokken stukken goed voldeden, wat verre dragt en juistheid van opzethoogten betreft, zoo verdient het toch opmerking, dat de meeste broekings sprongen en moesten verwisseld worden, terwijl een linker voorasarm van een der rolpaarden afbrak en een regter voorasarm gekraakt werd bevonden. Alles werd daarna weder gereed gemaakt om den volgenden dag het vuur te heropenen. Toen den volgenden dag, Dingsdag den 6den, op de D/W. de verste Japansche batterij haar vuur heropende en bepaaldelijk op de *Tartar* en *Dupleix*, zijn door mij 4 schoten met puntgranaten op die batterij gedaan. Op ontvangen order van U WelEd. Gestr. heb ik toen het door u bepaalde aantal manschappen, onder den Luitenant ter zee 2de klasse W. F. Blaauw, doen debarqueren, die zich onder den Luitenant ter zee 1ste klasse Binkes heeft gesteld en deel heeft uitgemaakt van het gedeelte Franschen en Nederlanders, dat de batterij over Mozi-Saki heeft bezet. Ik heb mij dien dag naar de batterij begeven en met 3 sloepen getracht 's vijands geschut te embarqueren, doch het gelukte mij slechts een 12ponder metalen kanon aan boord te brengen; de overige kanonnen waren veel te zwaar en konden door het sloepvolk niet verplaatst worden. Woensdag den 7den heb ik U WelEd. Gestr. door het naauw bij Mozi-Saki tot voor Simonoseki gevolgd en post genomen ééne kabellengte achter de *Metalen Kruis.* Donderdag den

8sten volgde ik de 3 schepen *Tartar*, *Dupleix* en *Metalen Kruis*, waarvan de *Tartar* de leider was, en stoomde langs de batterijen bij Hiko-Sima, welke ik in het passeren met stukkenvuur beschoot; ik stoomde daarna terug en kwam op $1^1/_2$ kabellengte voor de noordelijke batterij ten anker. Gedurende het landen van de gewapende sloepen der schepen, heb ik een langzaam granaat- en kartetsvuur in de vallei onderhouden, om die schoon te houden van vijanden. Dien dag zijn door mij gedaan 2 schoten met kogels, 3 met puntgranaten, 2 met percussie-granaten (Bourbons) en 9 met kartetsen.

Er werden geëmbarqueerd 5 bronzen kanonnen van den vijand, waarvan ik u de opgave deed in mijn rapport n°. 412. Des avonds stoomde ik naar eene veilige ankerplaats, omdat mij met den lagen barometerstand mijne toenmalige ligplaats niet veilig genoeg voorkwam, en heesch 's avonds de witte vlag, op voorbeeld van de *Argus*. Ik voegde mij Vrijdag den 9den September 1864 op de D/W bij de drie schepen en stoomde des namiddags ten $5^1/_2$ uur naar de mij aangewezene plaats, digt bij en beoosten Simonoseki. Noch aan het schip, noch aan de werktuigen is schade van eenig aanbelang veroorzaakt, zoodat niets mij belet de bewegingen der divisie te volgen. Bij het in brand steken der batterijen op Hiko-Sima heeft de matroos 3de klasse A. J. Koerman hevige brandwonden bekomen; ik zelf werd bij die gelegenheid ook daardoor ligt gewond.

De Kapitein-Luitenant ter zee, Kommandant,

(*get.*) P. A. van Rees.

Bijlage VI.

Rapport van den Kapitein-Luitenant ter zee
Jhr. F. de Casembroot, aan den Kapitein ter
zee, kommandant van het Station in de wateren van Japan (overgenomen uit de Ned.
Staats-courant van 8 December 1864, n⁰. 291).

Aan boord van Zr. Ms. stoomschip Medusa.

Straat van Simonoseki, den 11 *September* 1864.

Na middernacht van den 5den ontving ik van U Hoog-
Edel Gestrenge ter inzage de schriftelijke orders van den
Engelschen Admiraal, opperbevelhebber der vereenigde eskaders, inhoudende dat in den voormiddag van den 5den,
na gedaan sein van het vlaggeschip *Euryalus*, de schepen
zich naar de hun aangewezen posten zouden begeven.

De *Medusa*, bij het flank-eskader gedetacheerd zijnde,
was daarvan in rangorde het tweede schip, volgende onmiddellijk op de Britsche korvet *Perseus;* dit flank-eskader
bestond uit de schepen *Perseus, Medusa, Trancrède, Coquette* en *Bouncer*, aan welk eskader was opgedragen, door
een flankvuur het regtstreeksch vuur te ondersteunen, dat
door de navolgende schepen: *Tartar, Dupleix, Metalen
Kruis, Barossa, Djambi* en *Leopard*, ten anker liggende
3 kabellengten beoosten kaap Mozi, op de vijandelijke batterijen zoude gerigt worden.

Wij maakten onmiddellijk overal en alles gereed voor
het gevecht, en aangezien de stuurboordzijde voornamelijk
met de batterijen slaags zoude geraken, voorzagen wij het
boord aan die zijde zooveel doenlijk van alle mogelijke

beschikbare anker- en stopkettings (de kettings van het daags- en tuianker daaronder niet begrepen), en hingen dezelve in bogten verticaal tot op de waterlijn naast elkander, elken bogt op zich zelve zoodanig binnen boord voorziende, dat de eene in geval van breken niet met den anderen bogt konde uitrinkelen; wij waren hiermede ten 5 ure gereed, zoodat er vier stukken in de batterijen door deze pantsering werden gedekt. Volgens de ontvangen bevelen zonden wij de barkas en officierssloep naar Zr. Ms. stoomschip *Amsterdam* ter bewaring, en namen verder alle noodige voorzorgen, en plaatsten een der 30ponders van B. B. batterij in de boegpoort aan S. B. vooruit.

Met het aanbreken van den dag werd de ondergeteekende aan boord van het Admiraalsschip geseind, als wanneer de Admiraal hem nader mondeling den voorgenomen aanval mededeelde, hem aanbevelende langzaam maar vooral met juistheid te doen vuren, en het zooveel mogelijk in het kielwater van de *Perseus* te houden, en dat Zijne Excellentie besloten had, met het doorkomen van den vloed sein te zullen doen voor den algemeenen aanval.

Ten 3 ure 's namiddags het sein van den Admiraal gedaan wordende van „anker ligten en onder stoom gaan", begaven wij ons naar den ons aangewezen post op eene halve kabellengte in het kielwater van de *Perseus*, stoomden op ongeveer 500 ellen afstands evenwijdig van den noordwal, met eenen westelijken koers, hierin door de reeds genoemde schepen gevolgd wordende.

Ten 4 ure de schepen der hoofdlinie op hunne posten geankerd zijnde, deed de Admiraal het sein voor beide eskaders om het vuur te openen. Wij peilden toen de batterijen n°. 2 en n°. 1 der kaart van den Luitenant ter zee Brantsen dwars en achteruit, welke ons vuur beantwoordden, doch weldra hiermede ophielden. Wij stoomden voorwaarts en kregen eene zware batterij van 16 stukken in 't gezigt welker vuur op de frontlinie was gerigt, attaqueerden die batterij in den flank met de *Perseus* en hadden het geluk door het granaatvuur der *Medusa* de achter die batterij gelegen kazernes in brand te schieten. Een driewerf hoerah! van het ons passerende Fransche oorlogsschip *Trancrède* werd door ons beantwoord. Langzaam voortstoomende, kregen wij successivelijk de groote batterijen onder het bereik van ons flankvuur, waarop met onze S. B. zijde een welgerigt vuur op ongeveer 5 kabellengten onderhouden werd.

Ons op nieuw dwars bevindende van de bovengenoemde batterij van 16 stukken, welke door de schepen van de beide eskaders tot zwijgen was gebragt, deed de commander Kingston van de *Perseus* sein van te debarqueren, ten einde die stukken in de batterij te vernagelen, waarop onmiddellijk twee sloepen (de eenige aan boord zijnde) gewapend en onder bevel van den Luitenant ter zee 1ste klasse J. J. de Hart, Luitenants ter zee 2de klasse A. J. Thurkow, en P. Wittop Koning en adelborsten 1ste klasse J. C. A. Wissel en H. de Jongh, er op werden afgezonden, ten einde zich te voegen bij de Engelsche sloepen, die onder bevel van den commander Kingston zich naar den wal hadden begeven. Na een kort verblijf aan wal de stukken vernageld zijnde, gelastte de Engelsche commander met den meesten spoed naar boord terug te keeren, aangezien het bosch achter de batterij met duizenden Japansche soldaten was bezet, en het alzoo door de invallende duisternis niet raadzaam was met zulk eene kleine magt langer aan wal te vertoeven. Wij onderhielden daarop aan boord een krachtdadig geweervuur op 50 ellen afstand van den wal, deden nog eenige kanonschoten in het bosch, waarna wij, de *Perseus* volgende, naar den zuidwal overstaken en aldaar ten anker kwamen.

Den 6den September 's morgens ten 5 u. 10 m. openden eenige Japansche batterijen op nieuw haar vuur op de frontlinie; wij ligtten anker en stoomden met de *Perseus* naar den ons aangewezen post, waarop de ondergeteekende op nieuw aan boord van het Admiraalsschip werd geseind en order kreeg

alles gereed te maken voor een gewapend debarquement van
mariniers en matrozen aan wal, met dien verstande dat er
minstens vier stukken aan ééne zijde bemand moesten blijven.
De debarquements-divisie gereed zijnde onder bevel van den
Luitenant ter zee 1ste klasse J. J. de Hart, Luitenants ter zee
2de klasse A. J. Thurkow en P. Wittop Koning en adelborsten 1ste klasse E. J. Hoos en J. C. A. Wissel, begat zich
in de sloepen, en gaf ik order aan den wal zich aan te sluiten
aan de Engelschen onder bevel van captain Alexander. Aangezien het bleek dat de schepen *Metalen Kruis* en *Djambi*
ook hunne gewapende manschappen landden, vervoegde zich
de Luitenant ter zee 1ste klasse de Hart onder de leiding van
den Luitenant ter zee 1ste kl. Binkes.

De sloepen op sleeptouw genomen zijnde door H. B. M.
Coquette, stoomde het flank-eskader om de N. W. onder
den wal, de gewapende sloepen der drie natiën op sleeptouw hebbende; bij dit oversteken in den fellen stroom stootte
de *Medusa* twee achtereenvolgende malen tusschen den be-
zaansmast en den roersteven op een rif, waar $2^3/_4$ vaam op
loodden; gelukkig met volle kracht stoomende, geraakten
wij vlot en konden onzen koers naar den overwal vervolgen,
alwaar wij tot dekking van het debarquement onmiddellijk het
vuur op de batterijen en de omliggende bosschen openden;
het was toen 9 ure; ten 9 u. 30 m. zetten de gelande troepen
zich in beweging, en na alle stukken verlaten gevonden te
hebben, drongen zij tot in de voorstad van Simonoseki, alwaar wij spoedig de Hollandsche vlag boven eene der batterijen zagen wapperen; de Engelschen bleven intusschen een
gedurig geweervuur met de Japansche soldaten wisselen in het
bosch gelegen achter de batterij, alwaar de drie verschillende
landings-divisiën waren geland; de *Medusa* en overige schepen van het flank-eskader vuurden aanhoudend nu en dan
met granaten en volle kogels in het bosch, ten einde de Japanners te verjagen, aan welk vuur ook Z. M. stoomschip
Amsterdam met veel succes deel nam; wij stoomden al vurende

op en neêr op korten afstand langs de ravijnen, waaruit met geweer en mortieren op ons gevuurd werd, zagen verscheidene kruidmagazijnen in de lucht vliegen en overal zwaren brand in de omliggende dorpen.

Ten elf ure geraakte H. B. M. *Perseus* onder den wal aan den grond; wij deden alle moeite haar er af te slepen, doch door het spoedig vallen van het water bestond daartoe geene mogelijkheid. Zonden een corvée van 20 man ter assistentie naar de *Perseus*. Toen de avond begon te vallen kon wegens den sterken stroom de *Medusa* onmogelijk langer bij de *Perseus* blijven, en belastte zich de kommandant van de *Amsterdam*, om dat schip alle mogelijke assistentie te zullen verleenen.

Onze landingsdivisie keerde zonder verlies van manschappen weder aan boord; echter was de barkas, waarin zich een schepeling van de *Amsterdam* bevond, door den verschrikkelijken stroom en het breken van het dreggetouw, in handen van den vijand gekomen, welke barkas ik tot mijn groot genoegen heden morgen, den 10den, door eene sloep van de *Metalen Kruis* terug bekwam, blijvende de onzekerheid omtrent het leven van den man steeds bestaan.

Ten 6 ure was het vuren aan wal en op de schepen nagenoeg geëindigd en stak ik met mijnen bodem naar den overwal, ten einde uit den fellen stroom te geraken en aldaar ten anker te komen.

Den anderen daags, den 7den September, namen wij 53 ton steenkolen over, welke mij welwillend waren afgestaan uit den voorraad van den Engelschen Admiraal.

Wij kregen den 9den September 's morgens order om met de *Perseus*, *Amsterdam* en *Bouncer* de stukken der meest oostelijk gelegen batterijen aan boord te halen, hetgeen wij, in overleg met den commander Kingston van de *Perseus*, bewerkstelligden en daarna weder op onze ankerplaats terugkeerden.

Het is mij hoogst aangenaam dat op nieuw Etat-major en

10

equipage der *Medusa*, met een uitmuntenden geest bezield,
hunnen pligt in alle opzigten hebben gedaan, waardoor over
het welgerigt vuur en het manoeuvreren der *Medusa* de
hooge tevredenheid van den Admiraal-opperbevelhebber,
zoowel als van den Franschen Admiraal, mij persoonlijk door
Hunne Excellentiën werd kenbaar gemaakt, mij officiëel
opdragende zulks aan de Etat-major mede te deelen.

Bij eene volgende gelegenheid zal ik de eer hebben U
HoogEdel Gestrenge opgave te doen van officieren en manschappen, welke zich bijzonder hebben onderscheiden, en is
het mij regt aangenaam te kunnen rapporteren geene dooden
of gekwetsten in dit vuur te hebben bekomen, en niettegenstaande het stooten op een rif, de *Medusa* voor het oogenblik
weder gereed is voor alle diensten.

De Kapitein-Luitenant ter zee, Kommandant,
Adjudant des Konings,
(*get.*) DE CASEMBROOT.

Bijlage VII.

Dagorder van den Schout-bij-Nacht, Kommandant en Inspecteur der Marine in Nederlandsch-Indië, aan den Kommandant der
Medusa, te Nagasaki.

1 Bureau
nᵒ. 5850 *a*.
Bijlage 1.

Batavia, *den 9 September* 1863.

Ik maak het mij tot eene hoogst aangename taak U
W.Ed.G. hiernevens toe te zenden, afschrift van een kabi-
net-schrijven van Z. Exc. den Gouverneur-Generaal, dd. 5
September j. l., nᵒ. 269, waarin die Opperlandvoogd de
uitdrukking zijner gevoelens van bijzondere tevredenheid
betuigt aan de kalme, waardige en beleidvolle houding van
U W.Ed.G., de Etat-major en equipage bij het beschieten van
uwen onderhebbenden bodem door de kustbatterijen van de
Japansche stad Simonoseki.

De zienswijze van den Opperlandvoogd geheel deelende,
maak ik het mij alwijders tot een' hoogst aangenamen pligt
U W.Ed.G. tevens mijne bijzondere ingenomenheid te betuigen met de wijze van handelen bij het binnen stoomen
der straat van Simonoseki.

De volharding en moed waarmede die doorvaart, niettegenstaande het hevige vuur der landbatterijen, is beproefd
en tot een gelukkig einde gebragt, draagt mijne volkomene
goedkeuring weg, en strekt ten bewijze: dat de eer der
Nederlandsche vlag bij die gelegenheid waardiglijk is
gehandhaafd geworden.

Ook de houding van de Etat-major en de verdere sche-

pelingen van Zr. Ms. schroefkorvet *Medusa*, waarvan velen
voor het eerst aan vijandelijk vuur waren blootgesteld,
heeft mijne bijzondere tevredenheid opgewekt. Ik verzoek
U W.Ed.G. dan ook, tegelijk met de gevoelens van den
Opperlandvoogd hen met deze mijne wijze van beschouwen
in wetenschap te stellen.

Ten slotte heb ik de eer U W.Ed.G. te berigten, dat
ik met verlangen de voordragt tot militaire eerbelooningen
van officieren en mindere schepelingen te gemoet zie, die
zich bij die gelegenheid hebben onderscheiden.

De Schout-bij-Nacht, enz.

(get.) MAY.

Afschrift.
Kabinet, n⁰. 269.

Batavia, den 5 *September* 1863.

Ik heb met uitstekend genoegen kennis genomen van het
verslag, vervat in Uwe missive van 3 September j.l. n⁰. 5745,
nopens het schoone wapenfeit van Zr. Ms. stoomschip
Medusa, toen dat schip op den 11den Julij werd beschoten
door de kustbatterijen van de Japansche stad Simonoseki.

De kalme, waardige en beleidvolle houding van den Kommandant, de Etat-major en de equipage, doet hun en
niet minder den Nederlandschen naam eer aan.

Ik zou mij tot deze mededeeling verpligt achten, ook dan
wanneer de *Medusa* niet tot het Indisch eskader behoorde.

Het zal mij aangenaam zijn, dat U H.E.Gestr. van deze
mijne gevoelens aan genoemden Kommandant, Etat-major
en equipage doe blijken.

De Gouverneur-Generaal van
Nederlandsch-Indië.

(get.) L. A. J. W. SLOET.

Aan den Schout-bij-Nacht, Kommandant
en Inspecteur der Marine in Oost-Indië
te Batavia.

Bijlage VIII.

Eerbelooningen, toegekend aan een gedeelte van
de Etat-major en bemanning van de *Medusa*,
voor hun gehouden gedrag, toen deze bodem
anderhalf uur slaags is geweest, successivelijk
met zeven batterijen zwaar geschut en twee
gewapende schepen, in de straat van Simonoseki, 11 Julij 1863.

Wij WILLEM III, ENZ.

Op de voordragt van Onzen Minister van Marine, van
den 5den dezer, n°. 15;

Hebben goedgevonden en verstaan:
Ter belooning van de officieren, onder-officieren en mindere
schepelingen, aan boord van Onze korvet met stoomvermogen *Medusa*, die zich hebben onderscheiden bij een gevecht op den 11 Julij 1863 tusschen den genoemden bodem
en de landbatterijen in de straat van Simonoseki (Japan):
a. Aan den Luitenant ter zee van de 1ste klasse J. J.
de Hart toe te kennen de Eeresabel met het opschrift:
Koninklijk Eereblijk voor betoonde dapperheid;
b. Te bepalen dat bij afzonderlijke dagorders, zoo in

Nederland als in Nederlandsch-Indië, cervol zullen worden vermeld:

de Luitenants ter zee 2de klasse:

D. G. E. Wolterbeek Muller,

A. J. Thurkow,

P. Wittop Koning;

de adelborsten van de 1ste klasse:

W. C. A. Ziegenhirt von Rosenthal,

H. de Jongh;

de schipper J. de Vogel;

de bootsman H. Hendriks;

de hofmeester J. de Wringer;

de matrozen 1ste klasse:

J. H. A. Moolenschot;

A. van der Waal;

de matroos 2de klasse, K. van Beek;

    „   „ 3de klasse, J. H. Wurtz;

en de machinist 1ste kl. G. Philipse.

Onze Minister van Marine wordt belast met de uitvoering van dit besluit, waarvan mededeeling zal gedaan worden aan den Kanselier der beide Orden.

's Gravenhage, den 6 Februarij 1864.

(*get.*) WILLEM.

De Minister van Marine,

(*get.*) W. J. C. H. van Kattendijke.

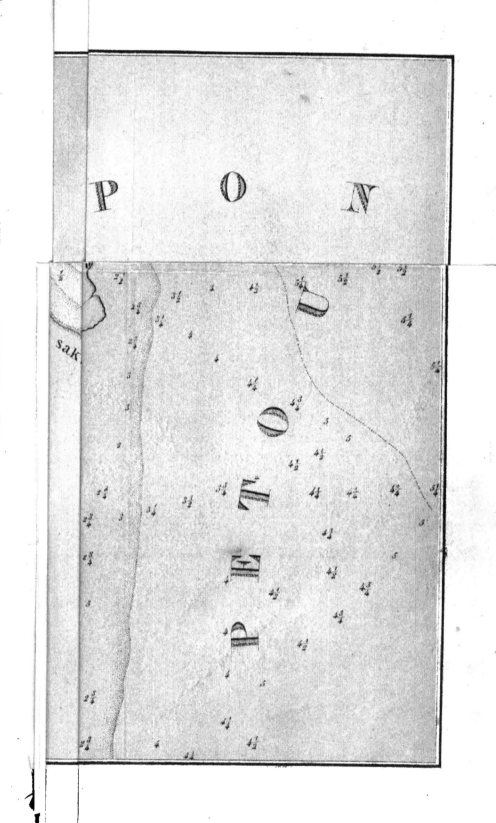

TOESTAND

Mˢ. STOOMOORLOGSKORVET MEDUSA,

in het gevecht op 11 Julij 1863 met

che batterijen in de zeeengte Simonoseki.

aki

Zⁿ Mˢ STOOMOORLOGSKORVET MEDUSA.

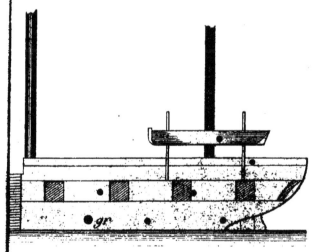

gr.

usa hebben getroffen en doorboord.

B I N

S E T S U

HIOGO   KIOTO

E VAN   Osacca

Positie der schepen van de geallieerde zeemagten
by den aanvang van het gevecht van de 5.ᵉ Sept.
1864 tegen de Japansche batterijen in de
STRAAT SIMONOSEKI.

F(

Maitamura

FORT
FORT
FORT

FORT

Saho   Mozi Saki

Tartar, capt. Hayes.

Dupleix, capit. de freg.
de Franclieu.

M. Kruis, kapit. ½ de Man.

Barrosa, capt. Dowel.

Dejambi, kapnt. L.ᵗ van Rees.

Front eskader ten ank.
van captain Ha

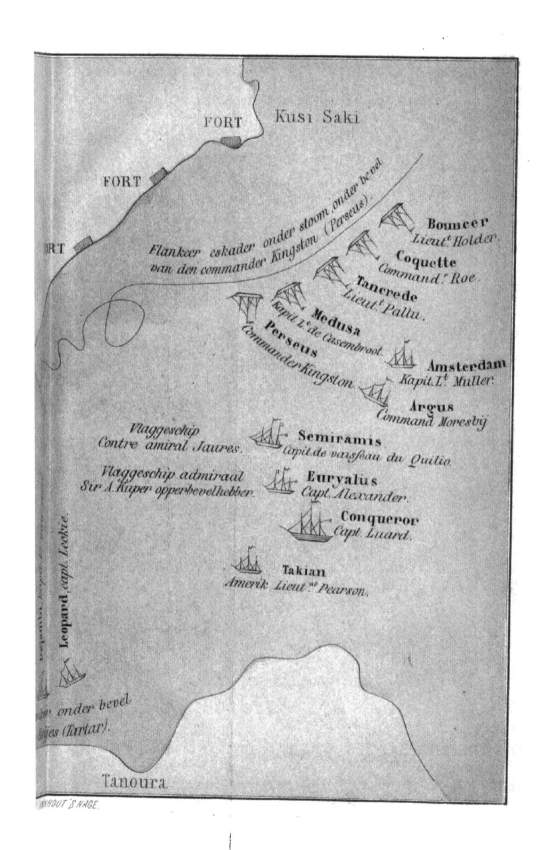

FORT Kusi Saki

FORT

FORT

*Flankeer eskader onder stoom, onder bevel
van den commander Kingston (Perseus)*

Bouncer
Lieut. Holder.

Coquette
Command. Roe.

Tancrede
Lieut. Pallu.

Medusa
Kapit L. de Casembroot.

Perseus
Commander Kingston.

Amsterdam
Kapit. L. Müller.

Argus
Command Moresby

*Vlaggeschip
Contre amiral Jaures.*

Semiramis
Capit. de vaisseau du Quitio.

*Vlaggeschip admiraal
Sir A. Kuper opperbevelhebber.*

Euryalus
Capt. Alexander.

Conqueror
Capt. Luard.

Takian
Amerik. Lieut. Pearson.

Leopard. capt. Leckie.

*.... onder bevel
.... jes (Tartar).*

Tanoura